今日の「日米同盟」を問う

―北東アジアの平和の流れのなかで―

小泉 親司 著

学習の友社

はじめに

2018年6月12日、トランプ米大統領と金正恩朝鮮民主主義人民共和国（以下、北朝鮮）国務委員長による米朝首脳会談がシンガポールのセントーサ島で開かれた。米朝の史上はじめての首脳会談である。両首脳は、「共同声明」を発表し朝鮮半島の非核化と平和体制について、つぎの4項目で合意した（要旨――20ジペー〈資料〉参照）。

1. アメリカ合衆国と朝鮮民主主義人民共和国は、平和と繁栄を求める両国国民の願いに従って新しい米朝関係を確立することを約束する。

2. アメリカ合衆国と朝鮮民主主義人民共和国は、朝鮮半島での永続的で安定的な平和体制を構築する努力に参加する。

3. 2018年4月27日の「板門店宣言」を再確認し、朝鮮民主主義人民共和国は朝鮮半島の完全な非核化に向け取り組む。

4. アメリカ合衆国と朝鮮民主主義人民共和国は、朝鮮戦争の捕虜・行方不明兵の遺骨回収、既に身元が判明している遺体の帰還に取り組む。

アメリカと北朝鮮は少なくとも首脳会談の半年前までは「一触即発」の危機的状況にあった。「緊張と敵対」が頂点に達し、戦争の一歩手前までの緊迫した情勢にあった。この危機を乗り越えて、両国首脳が朝鮮半島の平和・非核化への力強いメッセージを送ったのである。

この「共同声明」は、朝鮮半島の非核化と平和・友好体制を築き上げる始まりである。同時に、北東アジアを「戦争と敵対」から「平和と繁栄」へ転換するはじまりでもある。

米朝首脳は今年2月28日、二度目の首脳会談に臨んだ。残念ながら合意には至らなかったが、トランプ大統領は、「協議を続けていく」とのべた。国際社会が、これらの合意の実施に向け、さらに大きな世論を起こしていくことが求められている。

こうした平和のうねりが高まる中、日本では「日米同盟強化」の危険な動きが加速している。安倍政権は、米朝首脳会談後も北朝鮮に対する「最大限の圧力」を呼号し、この平和のうねりに背を向けた。「外交、安全保障の基軸は、日米同盟」とし、「日米同盟強化」を口実に、軍事費増額による自衛隊の大増強、米軍基地の大増強、憲法9条改憲への道をひた走っている。「日米同盟」の一方の当事国アメリカが、北朝鮮の非核化をすすめているなか、世界で唯一の被爆国でありながら、「核兵器禁止条約」に反対を表明している。

「日米同盟」は、朝鮮半島と北東アジア、日本の平和への道をすすめるものなのだろうか。

本書は、今日の北東アジアの平和の流れのなかで、「日米同盟」の危険な実態を詳述する。

【もくじ】

第Ⅰ章　朝鮮半島における平和の激動

◆敵対から友好への大転換のはじまり

戦後73年、朝鮮半島は依然「休戦協定」のもとにある。つまり、いまだにアメリカ・韓国と北朝鮮は、戦時下にあるということだ。38度線で仕切られた板門店には軍事境界線が置かれ、軍事的に対立したままである。韓国は、アメリカと防衛援助協定（以下、米韓軍事同盟）を結び、毎年、数万人規模の米軍・韓国軍による米韓合同軍事演習を強行してきた。北朝鮮は、これに対抗するかのように核兵器と長距離ミサイル開発に熱中し、軍事対決姿勢を鮮明にしてきた。

２０１７年8月、北朝鮮が核・ミサイル実験を繰り返し、「(中距離ミサイルで) グアム周辺を炎で包み込むための作戦を慎重に検討している」と報じた。これに対しトランプ大統領は「北朝鮮はこれ以上、米国を脅さないほうがいい。世界が見たこともない炎と激怒で対抗する」と応じた。軍事的恫喝の応酬で、「一触即発」の戦争の危機にあった。偶発的な衝突も起こりかねない事態であった。しかし、双方の対話によって、これが乗り越えられた。文在寅《ムンジェイン》韓国大統領は、「戦争の脅威から抜け出したことと以上に重要な外交的成果はない」とのべた。

それまでの状況に平和の灯を与えたのが、２０１８年2月、韓国でおこなわれた平昌オリンピックでの南北朝鮮代表団の入場行進であった。南北の代表は一緒に聖火台にのぼり、韓国フィギアスケートの金メダリスト金妍児《キムヨナ》さんが点火する、まさに平和のうねりを予言する開会式であった。会場では、韓国と北朝鮮の代表団幹部が会談し、アメリカのペンス副大統領が、北朝鮮との条件なしの対話の選択肢を持っていると表明したことも大きな出来事であった。

この平和への躍動を受けて2018年4月27日、軍事境界線のある板門店で、米朝首脳会談に先がけて、文大統領と金正恩《キムジョンウン》委員長との南北首脳会談が開かれた。テレビで世界に放映されたなか、北朝鮮の金正恩委員長がたった一人で北朝鮮側から歩き、はじめて軍事境界線を越えた。出迎えた文大統領が「私はいつ越えられるか」と問うたのに対し、金委員長が「今越えますか」と応え、両首脳が手を取り合って再び軍事境界線を越えたのである。

南北首脳が合意した板門店宣言は、「朝鮮半島でのこれ以上の戦争はなく、新しい平和の時代が開かれたことを8000万わが民族と全世界に厳粛に闡明《せんめい》した」と高らかに宣言し、つぎの点で合意した。

○完全な非核化を通じて、核のない朝鮮半島を実現する。
○終戦を宣言して、停戦協定を平和協定に転換し、恒久的で堅固な平和体制構築のための南北米三者または南北米中四者会談の開催を積極的に推進していく。
○民族的和解と平和繁栄の新たな時代を果敢に立ち起こし、南北関係をいっそう積極的に改善し、発展させていく。

文韓国大統領は、「これは始まりであり、今後も多くの困難があるでしょうが、二度と引き返しませんし、この大胆な旅程を決して放棄しません。歴史は行動して挑戦する人々の記録です」と表明した。金正恩委員長も「歴史の合意のような残念な歴史が繰り返されないようにする」(「朝日」18年5月1日)とのべた。

この南北首脳会談を受けておこなわれたのが米朝首脳会談であった（18年6月12日）。いくつかの紆余曲折はあったが、首脳会談は、「新たな米朝関係の構築」と「朝鮮半島での恒久的で安定的な恒久平和体制の構築」を誓ったのである。

◆始まった「共同声明」の具体化

米朝首脳会談での「共同声明」はいま、非核化と平和体制構築に向けて巨大な歩みを開始している。

6月18日、ポンペオ米国務長官は、米朝首脳会談においてトランプ大統領が、北朝鮮が完全な非核化をおこなうならば「休戦協定を変更することを確約する」と伝えているとのべた。また同日、米国防総省と韓国国防総省は、2018年に予定していた定例の米韓合同軍事演習「ウルチ・フリーダム・ガーディアン」の中止で合意したことを明らかにした。サンダース米大統領報道官は「北朝鮮が誠意をもって行動し続ける限り」、演習の中止を継続することを明らかにした。

6月21日、トランプ大統領は閣議で「（北朝鮮の非核化は）すでに始まっている。彼らはすでに大規模な試験場の一つを爆破した。実際には、大規模試験施設の4か所だ。大事なことは、完全な非核化はすでに始まっているということだ」（AFP、6月22日）とのべた。この発言は、首脳会談の成果を疑問視する声に対応したものである。

日本国内には「北朝鮮はこれまでも合意を踏みにじってき

シンガポールで会談した金正恩氏とトランプ氏
（2018年6月12日）

写真：ザ・ストレイツタイムズ提供／新華社／共同通信イメージズ

た。また騙される」という論調を意図的に流す動きもある。しかし、従来の米朝間の「非核化」や「安全保障」の合意は、94年の「米朝枠組み合意」や05年の「6か国協議共同声明」があるが、それらはすべて大使や局長級会談による合意である。今回の米朝共同声明は、米大統領と国務委員長という最高首脳間の合意である。簡単には後戻りできない、きわめて重みのある合意である。しかも、「共同声明」の背景には南北首脳会談での合意もある。国際社会がこの合意をいっそう強固に実行する協調体制を求めている。

8月3日には、アセアン地域フォーラム（ARF＝ASEAN Regional Forum）（13ページ図参照）が開かれ、米・中・露などの大国や北朝鮮などの関係国が出席し、米朝会談の合意の実現をすすめることを強調した。

2005年7月から9月に開かれた米・中・露・日・韓国・北朝鮮の「六か国協議共同声明」は、「朝鮮半島の非核化と北東アジアの平和と安定」で合意した。このなかで「声明」は、「6か国は、『約束対約束、行動対行動』の原則にもとづいて、前記の意見が一致した事項について、これらは段階的に実施していく」とした。つまり、これまでの「敵対と対立」を乗り越えて合意を実行するためには、段階的に一歩一歩実行していくことが重要である。

◆非核化と北東アジアの平和と安定

米朝共同声明での朝鮮半島の非核化は、これまでの合意をさらに発展させる歴史的取り決めである。「非核化」は、北朝鮮が核兵器開発を中止することが前提である。

「6か国共同声明」は、北朝鮮が「すべての核兵器及び既存の核計画を放棄」することを取り決めるとともに、次の点で合意している。

「米国は、朝鮮半島において核兵器を持たず、北朝鮮に対して核兵器あるいは通常兵器による攻撃または侵略の意図がないことを確認する。

韓国は、その領域内に核兵器がないことを確認するとともに、1992年の朝鮮半島非核化共同宣言にもとづき、核兵器を運び入れず配備しないという約束を再確認する」。つまり、アメリカも韓国も朝鮮半島の非核化に責任を持つことを明らかにしている。

同時に、これらの非核化の合意によって、朝鮮半島をはじめ北東アジアの平和、安全保障を一体的にすすめることが求められている。

米朝「共同声明」は、1989年、ソ連の崩壊を導いた東西ドイツを分断していた「ベルリンの壁」の崩壊と「東西対決」構造の解消に匹敵する一大転換である。これが朝鮮半島の非核にとどまらず、北東アジアの平和体制構築に前進する道であることは明らかである。実際、「6か国共同声明」も、「北東アジア地域の永続的な平和と安定のための共同の努力」を明記した。

朝鮮半島での対決構造が解消されれば、平和・友好・協力関係が促進されることは目に見えている。これまで核ミサイル開発を最大の「脅威」としていた関係が解消されれば、歴史的な大転換が実現することは明白である。ここに米朝「共同声明」のもうひとつの画期的な内容がある。

東南アジアの平和友好協力体制という点では、すでに「ア

東南アジアにおける友好協力条約（1976 年）

第一条

この条約は、締約国の強化、連帯及び関係の緊密化に寄与する締約国の国民の間の永久の平和、永遠の友好及び協力を促進することを目的とする。

第二条

締約国は、その相互の関係において、次の基本原則を指針とする。

a　すべての国の独立、主権、平等、領土保全及び主体性の相互尊重

b　すべての国が外部から干渉され、転覆され又は強制されることなく国家として存在する権利

c　相互の国内問題への不干渉

d　意見の相違又は紛争の平和的手段による解決

e　武力による威嚇又は武力の行使の放棄

f　締約国間の効果的な協力

セアン友好協力条約」（ＴＡＣ＝Treaty of Amity and Cooperation in Southeast Asia）がお手本として存在する。１９７６年に締結されたこの条約は、ベトナム戦争という東南アジアの悲惨な対立の時代を乗り越えて成立した。「紛争の平和的手段による解決」「武力による威嚇又は武力の行使の放棄」など日本国憲法第９条と同様の規定を盛り込んだ平和の枠組みである。現在28か国・組織が加盟している。

このもとにアセアンなどの27か国とＥＵ（欧州連合）によるアセアン地域フォーラムが置かれ、常設的な協議をおこなっている。米・中・露・日をはじめ北朝鮮、韓国も参加し、これまで北朝鮮の核・ミサイル開発や東シナ海の領有権をめぐる問題など、安全保障上の懸案事項の協議をおこなっている。日本の外務省も、「東南アジアの信頼醸成措置への貢献」として高く評価している。

北東アジアにも、域内の平和のルールを定めた友好条約の締結が不可欠である。領土問題や紛争の平和解決の規範が必要である。

ARFなどの国際的枠組み

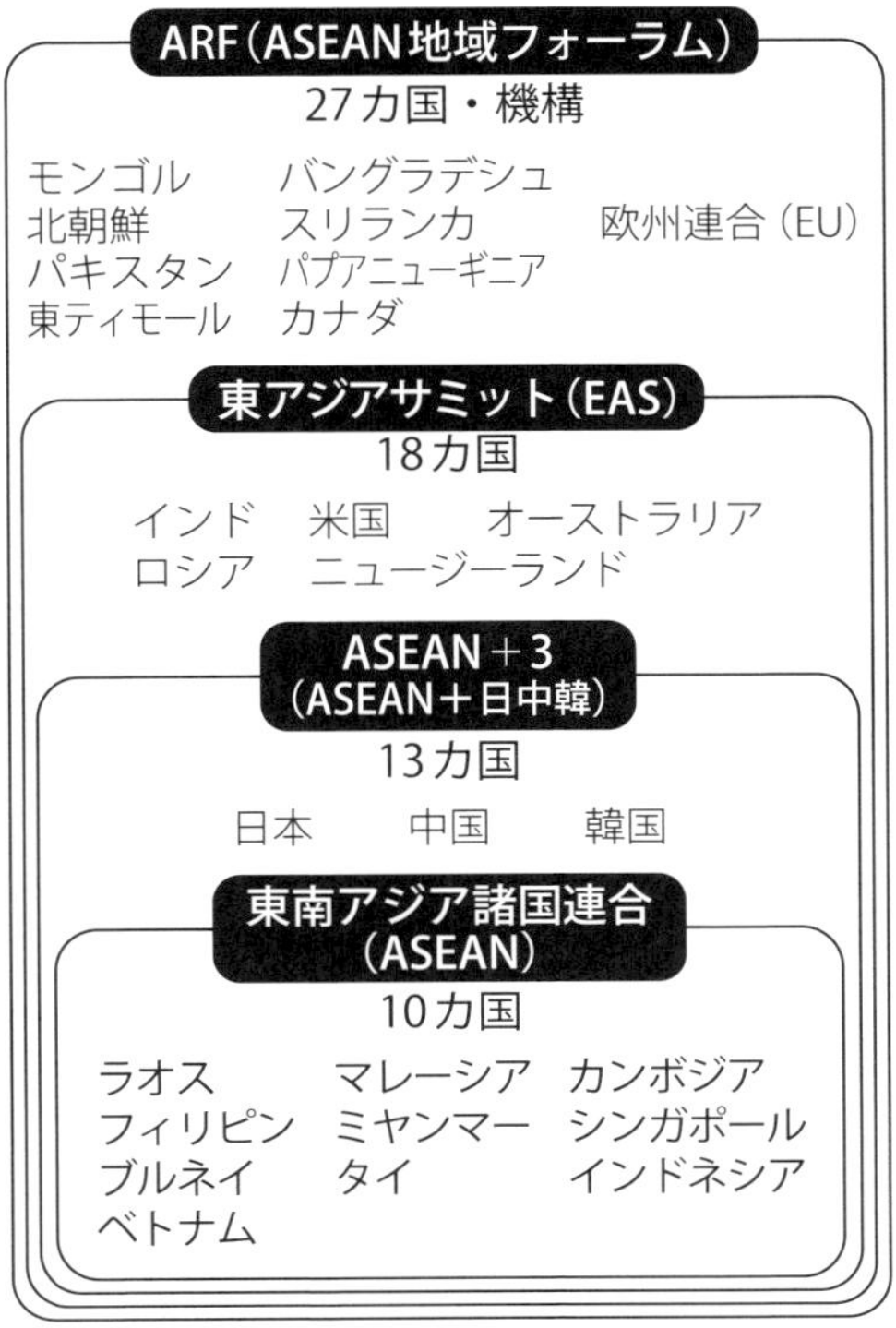

◆世界の諸問題は「対話による平和解決」以外ない

米朝首脳会談は、核兵器開発問題をはじめとする世界の諸問題は、「対話による平和解決」以外ないことを鮮明にした。世界各国政府や多くの国民は、北朝鮮問題の核兵器・ミサイル問題の平和的解決の声をこぞってあげてきた。

北朝鮮は２０１６年1月、３年ぶりに核実験を強行した。２００６年10月の初の核実験以来4度目の核実験であった。つづいて北朝鮮は、２０１７年、連続的に6回目の核実験を強行した。国連決議や朝鮮半島の非核化に逆行する許されざる暴挙である。北朝鮮の金正恩労働党委員長は、「アメリカの核脅迫に対抗するためだ」とのべ、「６０００発の核兵器を保有するアメリカに対抗する」など、核保有国の大国を非難した。しかし、いかなる口実であってもそれは核廃絶を願う全世界諸国民に挑戦する許しがたいものであった。北朝鮮はまた、核兵器の運搬手段である弾道ミサイル開発に集中した。２０１７年は、1万キロを飛翔するという弾道ミサイル実験を16回にわたって強行し、世界に核戦争の恐怖を与えた。

トランプ政権は、「軍事威嚇」と「対話」の二本立てで北朝鮮問題に対処したが、米国内で「トランプ政権は北朝鮮に軍事行動を起こすか」との世論調査に、84％の人々が「起こす」と回答した。もし、先制攻撃による戦争が勃発したら、朝鮮半島は危機的どころか壊滅的な惨劇を生むことになる。米議会調査局の報告書は、「１２０万の韓国国民が犠牲になる」とその危険性を告発し、軍事攻撃に強い異論を表明した。

１９９４年、アメリカのクリントン政権が、北朝鮮の核実験・開発に対し、軍事行動に訴えようとしたとき、当時の金泳三韓国首相は「ソウルが火の海になる」と体を張って阻止した。その危機的な事態がくりかえされようとした。このような事態に、「米朝は直ちに対話せよ」「アメリカの先制的軍事行動は許されない」との世論が大きく巻き起こったことは国際世論の健全さを示した。

この国際世論のなか、日本の安倍内閣の対応は異常極まるものであった。朝鮮半島の平和の激動がはじまるなか、「最大限の圧力をかける」ことにひたすらしがみついた。とりわけ、拉致問題をあげ、「対話のための対話は意味がない」と繰り返した。

これまで外務省で拉致問題解決の担当者として小泉・金正日《キムジョンイル》会談の立役者となった田中均《ひとし》元外務審議官は、次のように指摘した。

「朝鮮半島の分断の克服、安定、非核化という議論に国際社会が取り組もうというときに、日本は拉致問題にしか関心がないのか、と思われたらうまくいかないでしょう。日本の国益を考えるならば、もっと大きな絵を描かないといけない」（『世界』２０１８年７月号）

つまり、拉致問題の解決も、朝鮮半島の非核化、平和体制構築のなかで包括的に解決していく必要があるとの示唆である。

◆〝軍事一辺倒〟に終始した安倍政権の対応

朝鮮半島の非核化と北東アジアの平和体制のなかで、地理的に重要な位置に存在する日本の役割はとりわけ重要である。

日本と北朝鮮の間には、２００２年9月17日、小泉首相と金正日国防委員長との日朝首脳会談で合意した「日朝平壌宣言」がある。この宣言は、北朝鮮の核・ミサイル問題、拉致問題、過去の清算など両国間の懸案事項を「包括的に解決」して国交正常化にすすめるという合意である。それぞれの諸問題に優先事項を決めるのではなく、まさに「まとめて」解決するというものである。

同時に「宣言」は、第4項で「(日朝）双方は、北東アジア地域の平和と安定を維持、強化するため、相互に協力していくことを確認した」と合意した。そのなかでは「この地域の関係各国の間に、相互の信頼に基づく協力関係が正常化されるにつれ、地域の信頼醸成を図るための枠組みを整備していくことが重要であるとの認識を一にした」と明記した。つまり、日朝問題だけでなく、北東アジア地域の平和の枠組みをつくろうという合意であった。

ところが安倍内閣は、平和の役割とは程遠い、〝軍事一辺倒〟の危険な対応に終始したのが現実であった。

安倍内閣は、「日米同盟強化」をその理由の一つに挙げているが、その一方の当事者であるアメリカのトランプ政権が、非核化と平和体制の〝主役〟の一人となっているなかで、まったく異常な対応と見なければならない。安倍首相は、トランプ政権の誕生（2017年1月）直後、もっとも早く首脳会談を開催し、2月10日には「日米共同声明」を発表した。このなかでは「日米同盟」を最優先することで合意し、この会談のさなかの12日強行された北朝鮮のミサイル発射では「日米同盟強化で対応していく」と強調し、隣に立ったトランプ大統領は「日本を100％支持していく」とのべた。

2017年の朝鮮半島の危機的状況の中では、トランプ大統領が「すべての選択肢がテーブルの上にある」と発言し、核兵器による先制攻撃を辞さない立場を表明したときも、安倍首相は支持を表明し、対米追随ぶりを露呈させた。また、15年9月に強行した「安全保障法制」（「戦争法」）にもとづいて、歴代自民党政権がやってこなかった米軍B52戦略核爆撃機の自衛隊による護衛作戦や、米ミサイル艦、補給艦の「米艦防護」作戦を強行し、北朝鮮への軍事威嚇に踏み出してきた。これらを北朝鮮への「最大限の圧力」としてすべて合理化してきた。

ところが、平昌オリンピックで南北代表団が平和の大きなうねりを示し、南北首脳が友好的な会談をおこなうなか、日本外交はまったく居場所をなくしてしまった。文韓国大統領との首脳会談では、「北朝鮮の微笑み外交に目を奪われてはいけない。対話のための対話は意味がない」と言い放った。また、米韓合同演習は予定通り実施すべきだとけん制した。この間、トランプ政権が、軍事的な対応とともに、「無条件で対話に応じる」姿勢をとったもとでも安倍首相は、「最大限の圧力」を主張し続けた。

米朝首脳会談が6月12日に決定したことを受けて開かれた6月7日の首脳会談では、安倍首相はトランプ大統領から「最大限の圧力という言葉はこれ以上使わない。なぜならわれわれは友好的な交渉に入ろうとしているからだ」と言われ、まったく自主性のない立場を露呈した。事実上、軍事一辺倒の対応が破たんをきたした瞬間であった。

ところが安倍内閣は、国内では、北朝鮮の核兵器、ミサイル開発に対抗するとしてアメリカの「イージス・アショア」というミサイル防衛システムの購入・導入に踏み出した。防衛省の文書によると、「北朝鮮は数百発の核ミサイルを保有している」としている。米朝首脳会談が朝鮮半島の非核化で合意している情勢のもとで、配備予定の秋田、山口の住民から「北朝鮮が核兵器を放棄すると言っているのになぜこれが必要なのか」と問われると、「北朝鮮のミサイルの脅威は変わらない」と発言するなど、情勢の変化に対応できない硬直した姿勢に終始した。

◆破たんした「日米同盟強化」の対応

米朝の直接対話による平和への努力と朝鮮半島の平和の激動は、安倍首相がすすめてきた「日米同盟強化」路線ではアジアの軍事的緊張を解決できないことを鮮明にした。

2018年2月10日の日米首脳会談での「共同声明」は日本主導、安倍政権主導といわれたもので、まず冒頭に「日米同盟」をかかげ、次のように合意した。

「揺らぐことのない日米同盟はアジア太平洋地域における平和、繁栄及び自由の基礎である。核および通常戦力の双方によるあらゆる種類の米国の軍事力を使った日本の防衛に対する米国のコミットメント（関与）は揺るぎない。アジア太平洋地域において厳しさを増す安全保障環境の中で、米国は地域におけるプレゼンス（存在）を強化し、日本は同盟におけるより大きな役割及び責任を果たす」

アジア太平洋の平和を「日米同盟」で仕切るとの表明であり、日本が「大きな役割及び責任」を果たすとの表明である。

しかし、「日米同盟強化」という〝軍事一辺倒〟で、北朝鮮問題の解決が前進したわけではない。これは米朝はじめ関係国と国際社会、国際世論の「対話による平和的解決」である。一連の経過は、軍事力による挑発では、北朝鮮の核開発がエスカレートするだけで、問題の解決に至らなかったことを明確にした。

元米国防長官だったウィリアム・ペリー氏は、２０１８年３月13日にワシントンでおこなわれたシンポジウムで、「米朝首脳会談が完全な成功を収めれば、つまり北朝鮮軍が韓国に侵攻する危険を完全に排除できれば、アジア太平洋地域の安全保障情勢は全く違った様相になるでしょう。具体的には、北朝鮮の脅威がなくなれば、在日米軍とくに普天間飛行場に駐留している部隊について、その存在理由が完全になくなりえるでしょう」とのべた。

米国防総省　国別駐留米軍兵員数（東アジア・太平洋地域）

地域／国		合計	陸軍	海軍	海兵隊	空軍
オーストラリア	★	3	1	1	0	1
カンボジア		4	4	0	0	0
中国		23	7	6	10	0
インドネシア		18	3	10	3	2
日本	★	55,026	2,594	20,345	20,001	12,086
韓国	★	24,914	16,413	309	247	7,945
ラオス		4	3	1	0	0
マレーシア		12	3	4	1	4
マーシャル諸島		17	17	0	0	0
モンゴル		4	4	0	0	0
ニュージーランド		5	1	2	1	1
フィリピン	★	109	11	7	83	8
シンガポール		189	9	160	4	16
タイ	★	461	45	8	380	28
ベトナム		7	0	3	4	0
合　計		80,796	19,115	20,856	20,734	20,091

（注）★は、アメリカと軍事同盟を結んでいる国
資料：米国防総省「兵力構造報告」（2018 年 3 月）より作成

ところが安倍首相は、こうした平和の流れを正しく認識することなく、ひたすら在日米軍基地増強の道をすすんでいる。

米朝首脳会談前にも、アジアでは、ＴＡＣ条約のもとで戦争の根拠地となる米軍基地の撤去がすすんでいる。フィリピンでは、憲法に「外国軍基地の撤去」が明記され、極東最大の米海軍、空軍基地であるスービックとクラーク基地が撤去された（１９９２年）。

米国防総省は、アジアに５つの軍事同盟を持っているとしている。日本、韓国、フィリピン、オーストラリア（ＡＮＺＵＳ条約）、タイとの軍事同盟である。しかし、アセアンの平和の流れの中で、米軍兵力は大幅に削減された。米国防総省の資料（18ページ参照）では、フィリピンの米軍兵力は１０９名、オーストラリア３名、タイ４６１名にすぎない（「国別駐留米軍兵員数」２０１８年）。一方、韓国には、約２万５０００名の米軍兵力が、そして日本には洋上兵力（空母等の乗組員）を合わせると５万５０００名の米軍兵力が配備されている。米朝会談及び南北会談の合意が実現されると、韓国から米軍兵力が大幅に撤退し、日本だけに異常な米軍兵力が残存することになることは必至である。

いま日本が「米軍基地国家」に固執し、平和の流れに敵対するのかどうかが問われている。安倍政権は、〝アメリカいいなり〟で米軍基地の増強を受け入れ、支援するのではなく、米軍兵力の大幅撤去をこそアメリカに要求するべき時である。

〈資料〉

トランプ米大統領と金正恩委員長の共同声明（２０１８年６月12日）

アメリカ合衆国のドナルド・Ｊ・トランプ大統領と朝鮮民主主義人民共和国（ＤＰＲＫ）の金正恩国務委員長は２０１８年６月12日、シンガポールで、初めてとなる歴史的首脳会談を開催した。

トランプ大統領と金正恩委員長は、新しい米朝関係の確立と、朝鮮半島の永続的で強固な平和体制の構築に関する問題で、包括的で深く、誠実な意見交換を行った。トランプ大統領は、ＤＰＲＫに対する安全の保証の提供を約束し、金正恩委員長は、朝鮮半島の完全な非核化に対する彼の強く揺るぎない決意を再確認した。

新しい米朝関係の確立が朝鮮半島ならびに世界の平和と繁栄に対する貢献となることを確信し、相互の信頼醸成が朝鮮半島の非核化を促進することを認識して、トランプ大統領と金正恩委員長は以下のように声明する。

一、米国とＤＰＲＫは、平和と繁栄に向けた両国国民の願いに従って新しい米朝関係を確立することを約束する。

二、米国とＤＰＲＫは、朝鮮半島に永続的で安定した平和体制を構築する努力に参加する。

三、２０１８年４月27日の板門店宣言を再確認し、ＤＰＲＫは朝鮮半島の完全な非核化、に向けて取り組むことを約束する。

四、米国とＤＰＲＫは、すでに特定されている者の即時本国移送を含め、戦争捕虜・行方不明者の遺骨の返還を約束する。

米朝サミット——史上初——は、大きな意義を持つ画期的出来事であったことを認め、両国間の緊張と敵対の数十年を克服し、新しい未来の幕開けに、向け、トランプ大統領と金正恩委員長は、この共同声明の規定を完全かつ速やかに履行することを約束する。米国とＤＰＲＫは、米朝サミットの成果を履行するため、できるだけ早期に、マイク・ポンペオ米国務長官と、それに相当するＤＰＲＫ高官による後続の交渉を行うことを約束する。

アメリカ合衆国のドナルド・Ｊ・トランプ大統領と朝鮮民主主義人民共和国の金正恩国務委員長は、新しい米朝関係の発展のため、また、朝鮮半島ならびに世界の平和、繁栄、安全の促進のために協力することを約束した。

２０１８年６月12日　セントーサ島

アメリカ合衆国大統領
ドナルド・Ｊ・トランプ

朝鮮民主主義人民共和国国務委員会委員長
金正恩

第Ⅱ章 「日米同盟強化」の軌跡と現状

では安倍内閣が固執する「日米同盟強化」はどのような現状にあるのだろうか。

「日米同盟」という言葉の印象は、日本とアメリカの良好な日米関係のように聞こえるかもしれない。しかし、「日米関係」と「日米同盟」はまったく異なった概念である。

「同盟」は、戦前の日英同盟、日独伊三国同盟と言われるように、「軍事同盟」を指している。広辞苑は、「第三国に対する攻撃又は防衛のために相互に援助を約する条約」と記している。「日米関係」は、外交、経済、文化などの幅広い平和・友好の関係であるが、「日米同盟」は、日米の軍事関係である。

１９６０年の日米安全保障条約を条約上の根拠とした関係である。

安倍首相はみずからの著書『この国を守る決意』（扶桑社、２０１１年）第2章「日米同盟と集団的自衛権」のなかで次のように語った。

「われわれには新たな責任というのがあるわけです。新たな責任というのは、この日米安保条約を堂々たる双務性にしていくということです。この責任を果たすために、われわれの世代がそうであったように、たじろがずに堂々とその責任を果たすべきであると、わたしは考えています。

いうまでもなく、軍事同盟というのは〝血の同盟〟です。日本がもし外敵から攻撃を受ければ、アメリカの若者が血を流します。しかし今の憲法解釈のもとでは、日本の自衛隊は、少なくともアメリカが攻撃されたときに血を流すことはないわけです。実際にそういう事態になる可能性は極めて小さいのですが、しかし完全なイコールパートナーと言えるでしょうか」

安倍首相が明言したように、軍事同盟は、若者を戦争に狩りたて、「血を流す」貢献を迫る戦争体制である。

この「日米同盟」はいまどのような現状にあるのか。日本の平和を本当に守る現状にあるのだろうか。

「日米同盟」は、1960年の「日米相互協力及び安全保障条約」（以下、日米安保条約）で規律されている。この条約は、米軍と自衛隊による日米共同作戦条項（第5条）、米軍基地に関する条項（第6条）、軍事費に関する条項（第2条）、経済に関する条項（第3条）からなっているが、これらの条項にそってその現状を詳述したい。

1 海外で米軍と一緒に戦争する態勢の強化・拡大

「日米同盟の現状はどうか」と問われれば、その第一は、なによりも日本がアメリカとともに海外で戦争する態勢を強化していることである。

その突破口を開いたのは、21世紀に入った直後のアメリカのアフガン報復戦争（2001年）とイラク戦争（2003年）への自衛隊の参戦である。そこで、イラク戦争への自衛隊参戦について検証したい。アメリカの戦争と占領がどのような経過をたどったのか、そのなかで自衛隊がどのような役割をになったのかを知ることは、「日米同盟」の本質を知る上で不可欠である。

① 大義ないアメリカのイラク戦争への参戦

２００３年3月20日、アメリカのブッシュ政権は、アフガニスタンへの報復戦争につづいて、イラクへの軍事侵攻を開始した。本格的な「２つの戦争」の開戦である。この「２つの戦争」は、日米軍事同盟に大きな衝撃を与えた。

ブッシュ米政権は、当時の小泉内閣に対し、「ブーツ・オン・ザ・グラウンド」（地上軍を派遣せよ）との圧力を露骨にしめした。アフガン戦争時の「ショウ・ザ・フラッグ」（旗幟鮮明にせよ）との要求とはけた違いの圧力強化である。

小泉首相は、戦後初めて現実に戦争がおこなわれている国へ地上部隊を派遣するという「決断」に走った。この「決断」によって日米安保条約は世界の軍事同盟に、つまり「日本防衛」を投げ捨てて、第三国への軍事侵攻をおこなう軍事同盟へと大きく変貌することになった。

自衛隊のイラク戦争参戦は、アメリカの大義なき戦争への参戦であった。

アフガン報復戦争がニューヨークでの「同時多発テロへの報復」という理由であったのに対し、イラク戦争は、イラクのフセイン政権の「大量破壊兵器保有疑惑」が最大の理由であった。ブッシュ政権は、「同時多発テロ」（２００1年9月11日）の首謀者は国際テロ組織アルカイダであると断定し、アフガニスタン戦争の目的に、アルカイダの首領であるウサマ・ヴィン・ラーディンの拘束をあげた。同時に、イラクのフセイン政権がアルカイダを支援する「テロ支援国家」であるとし、ブッシュ大統領は02年1月の一般教書演説でイラクを「悪の枢軸」と呼び、その打倒をねらっていた。その戦争の口実に使われたのが大量破壊兵器の保有疑惑である。

ブッシュ米政権は、国連安全保障理事会でイラクの大量破壊兵器疑惑をとりあげ、これを非難する決議をつぎつぎと議決させた。１９９1年のイラクのクウェート侵略による湾岸戦争の際に議決した安保理決議を利用し、武力攻撃の正当性を主張した。

○安保理決議678号（1990年11月29日）

イラクのクウェート侵攻を非難し、アメリカを中心とする多国籍軍に「あらゆる適切な措置を執る」（appropriate action）権限を与えた

○安保理決議687号（1991年4月3日）

イラク政府に対し、国際機関の監視のもと、大量破壊兵器や運搬手段であるミサイルなどの「廃棄・除去・無力化」を求めた。

国連安保理は、こうしたブッシュ政権の要求のもと、2002年11月8日、決議1441号を採択した。

○安保理決議1441（大要）

国連憲章第7章の下で行動する。

①イラクが、国連査察に協力してこなかったのは決議678等の違反である。

②イラクに武装解除義務順守の最後の機会を与える。

③イラクは、査察団を即時、無条件、無制限に受け入れ、60日以内に国連安保理に報告する。

④イラクは深刻な結果に直面するであろうことを想起する。

イラクのフセイン政権は、この決議を受け入れ、2002年11月、国連の査察が実現したが、大量破壊兵器保有疑惑の解明には至らなかった。また、2003年1月9日、「国連監視検証査察委員会」と「国連原子力機関」がイラクへの「査察」に入ったが、「イラクが国連決議に違反したと疑われるような証拠、痕跡はない」とした。ブッシュ政権のパウエル国防長官は2月5日、イラクが大量破壊兵器を隠し持っているという証拠を安保理に提出したが、2月28日、国連査察団の中間報告が発表され、査察は完了しておらず、時間が必要との見解が示された。

ところがブッシュ政権は、ひたすらイラクへの武力行使に踏み切ることに熱中し、戦争も辞さないという新決議を提案するなどの動きを見せた。これに対し、武力行使に反対する国連常任理事国であるロシア、フランスやドイツは、２００３年2月10日、「査察継続と戦争回避を求める共同声明」を発表し、「戦争に代わる道は、いまだ残されている。武力行使は、最後の手段としてのみあり得る。ロシア、ドイツ、フランスは、イラクの平和的な武装解除に向けたすべての機会を可能にすべきであると決意している」とのべ、アメリカがイラク攻撃容認の新たな決議案を出しても拒否権を発動することを明らかにした。

アメリカとイギリスは、国連安保理の拡大協議で、イラクへの武力行使を容認する決議案を提案したが、日本、豪、韓国などアメリカの軍事同盟国の少数の賛成にとどまり、「査察継続」が多数であった。こうしたせめぎ合いのなかブッシュ大統領は、新たな決議案なしに、「６７８及び６８７決議は、アメリカと同盟国がイラクの大量破壊兵器を廃棄するために武力行使をおこなうことを承認している」として、イラクへの武力行使を宣言した。

こうしたイラク戦争をめぐる国連の一連の経過は、イラク戦争がまったく大義のない、アメリカ・ブッシュ政権の先制攻撃の戦争であることを鮮明にした。これによって国連安保理は、完全に分裂し、国際社会に大きな亀裂をもたらした。

◆国際世論に背を向けたイラク戦争の開戦

ブッシュ大統領は、3月17日夜、ホワイトハウスからテレビ演説をおこない、フセイン大統領や政権幹部の48時間以内の「国外退去」をはじめとした「最後通告」を突きつけた。しかし、ブッシュ大統領が示した開戦理由は、その正当性を示すことができず、「大義なき」戦争であることをみずから吐露した。また、大量破壊兵器保有の「疑惑」だけで武力行使が正当化されていいのか、これが世界各国政府が突き付けた最大の疑問であった。

ブッシュ大統領の「開戦宣言」に対し、世界のすみずみから「戦争反対」の声が巻き起こった。国連のアナン事務総長は、「イラク侵攻は、国連安全保障理事会によって承認されておらず、国連憲章にも従っていない」(04年9月16日)と断言した。安保常任理事国の中国、ロシアは反対を表明した。ドイツや欧州連合、アラブ連盟も反対を表明した。

2003年3月20日、ついにブッシュ政権はイラク攻撃を開始した。アメリカは、アフガン戦争における「多国籍軍」と違って、「有志連合」(Coalition of Will)を結成し、攻撃をおこなった。「有志連合」には、アフガン戦争に参戦していたフランス軍やドイツ軍などは加わらなかった。米軍は、陸軍・海兵隊の主力10万など21万4000人を投入、イギリス軍4万5000、オーストラリア軍2000人、ポーランド軍2400人、総兵力26万3000人であった。アメリカは、この軍事作戦を「イラクの自由作戦」(OIF=Operation Iraqi Freedom)と呼んだ。

イラク侵攻作戦では、開戦日の20日から首都バクダッドへの空爆、巡航ミサイル・トマホーク、精密誘導爆弾による攻撃が強行された。翌21日には、500万の人口を擁する首都バクダッドに地上部隊の攻撃が開始され、イラク全土への進撃が開始された。米軍はバクダッドに大規模な爆撃をおこない、市民の死者が207名にのぼった。米国防総省はこの軍事作戦を「衝撃と恐怖」作戦と呼び、容赦ない攻撃を浴びせた。21日は空爆出撃回数が1000回、巡航ミサイル・トマホーク400発を発射したと米国防総省から報告された。この作戦では、日本を母港とする海軍第7艦隊の艦船が出撃し、攻撃に加わった。

イラク南部の主要都市バスラでは21日、F16攻撃機がクラスター爆弾を発射、市民の死傷者が77名にのぼった。クラスター爆弾は、1発の爆弾から200個の子爆弾が空中で発射され、無差別に市民を殺傷する残虐兵器であった。北部のティクリットでも爆撃・攻撃がおこなわれ、市民4名が死亡したと伝えられた。フランクス米中央軍司令官は22日、記者会見をおこない、「戦争というのは市民も死傷するものだ」とのべ、米英軍の攻撃が決して軍事目標に限ってないことをみずから認めた。カタールの衛星テレビ、アルジャジーラは、「これは大量虐殺だ」との市民の怒りを報じた。

ブッシュ政権は3月27日、約12万の地上兵力の増派を決定し、北部地域の主要都市モスルなども含め完全制圧をはかった。その結果、わずか1か月余でイラクのいずれの主要都市をも陥落させ、米軍が制圧した。

米英軍の軍事攻撃に、スペインやフィリピンなどアメリカの軍事同盟国が次々と支持表明し、軍隊の派遣を提示した。小泉内閣は、「アメリカの武力行使を支持します」とのべ、従来の日本政府の「理解」表明から踏み込む見解を明らかにした。

ブッシュ大統領は、攻撃直後、当初理由に挙げていた「フセイン政権打倒」について、「われわれは、脅威を取り除き、国家の運営をイラク国民に取り戻すことを支援する以外、いかなる野望ももちあわせていない」と強調した。

◆〝戦争反対〟の国際世論の高揚

この無法な先制攻撃の戦争の開戦に、「戦争やめよ」「平和解決をはかれ」の声が日本国内ばかりか世界各国を駆け巡った。

日本では、開戦と同時に全国９０００カ所以上で「戦争反対」のデモ、集会、宣伝行動がおこなわれた。多くの国民は、「無法な軍事攻撃を直ちにやめよ」「小泉自民党、公明党内閣の戦争支持表明は平和への敵対者」との声が訴えられた。

米国内でも「ＮＯ　ＷＡＲ」の国民のうねりが広がった。ニューヨークでは30万の人々がブロードウェイを埋め尽くした。サンフランシスコでも数万人がデモを繰り広げた。国内のニューヨーク、ロサンゼルスなど160の主要都市の議会が「反対決議」を採択した。

アメリカとともに戦争推進の当事者となった英国でも、ブレア政権に抗議するたたかいが英国全土で広がった。首都ロンドンでは、反戦運動連合体の「戦争ストップ連合」が3月22日、デモを呼びかけ、100万人が結集した。ロンドンの市街地に「ブレア政権は戦争やめよ、辞任せよ」の声が響き渡った。イタリアのミラノで10万人、アテネで15万人、フランス、ギリシャ、スイス、など欧州各国でも運動が広がった。

世界諸国民の運動とともに、多くの国の代表が、アメリカの先制攻撃戦争に怒りを表明した。フランスのシラク大統領は、「国際的な合法的枠組みを逸脱したもの」「将来に深刻な影響がある」として「遺憾」の意を表明した。ロシアのプーチン大統領は、「米国の対イラク軍事行動は、国際世論に背を向け、国際法の原則、国連憲章に反する政治的誤りだ」と軍事行動の中止を要求した。欧州やアジア諸国の大統領、首相がアメリカの軍事行動にきびしい批判を集中させた。

中東の22か国が参加するアラブ連盟は3月1日、「イラクに対するいかなる侵略も拒否する」との声明を採択していた。57カ国が参加するイスラム諸国会議の緊急首脳会議は、加盟各国の軍事行動不参加を盛り込んだ行動声明を採択した。国連加盟国の3分の2、116カ国が参加する非同盟諸国首脳会議は2月25日、「戦争を拒否する」との声明を採択した。

ローマ法王のヨハネ・パウロ2世は3月22日、イラク戦争に初めて言及し、「戦争は人類の運命を脅かす」「暴力と兵器では決して人類の諸問題を解決できない」と述べた。

こうした世界の圧倒的多数の国々が「戦争反対」を表明するなか、ブッシュ大統領は5月1日、サンディエゴ沖の原子力空母リンカーンの艦上でイラク戦争の「戦闘終結宣言」をおこなった。しかし、フセイン政権の打倒という目標は達成したものの、最大の開戦理由であった大量破壊兵器の保有はまったく確認できなかった。米軍は「戦闘終結宣言」後、大規模な大量破壊兵器の捜索をおこなったが発見することはできなかった。イラク戦争の実態は、「大量破壊兵器の廃棄」よりは「フセイン政権打倒」が主目的となり、先制攻撃による侵略戦争であったことを鮮明にした。

◆イラク占領の泥沼化

イラク戦争によって3300万のイラク国民の生活は、大きな混乱のなかに放り込まれた。イラクはそもそもイラン・イラク戦争や湾岸戦争、それにともなう経済制裁などで大きく疲弊していたが、イラク戦争はイラク経済にさらに大きな打撃を与えた。

ブッシュ政権は、この著しく疲弊した経済の復興とフセイン政権後のイラク暫定統治機構をつくるためにイラク復興事業に着手した。

イラク開戦から約1か月後の2003年4月21日、ブッシュ政権は、復興人道支援室（ORHA：Office of Reconstruction Humanitarian Assistance）を設置した。米国防総省のもとに置かれたイラクの復興、人道支援を担当する部門であった。しかしながら、この統治プロセスの手順や要領はまったく定まらなかった。そのため、ブッシュ政権は、ブレマー・イラク担当大統領特使を行政官とする連合国暫定当局（CPA：Coalition Provisional Authority）をあらたに設置し、イラク統治評議会の任命、イラク新憲法の制定、自由選挙と新政権の成立などイラク民主化へのプロセスを決定した。占領当局は「連合国」というものの米国主導であった。統治評議会もその大半がアメリカの支援を受けた亡命イラク人の反体制派であり、米国主導の色彩の強いものとなった。その結果、統治機構は働かず、略奪や強盗、暴動が繰り返されることになった。

5月、CPAは、旧フセイン政権の与党であったバース党を解体し、幹部の公職追放をおこない、イラク軍や諜報機関も解体した。しかし、これらを引き金にして、イラク全土にわたるテロ活動が先鋭化することになった。

米軍中央軍のアビザイド次期司令官は6月25日、米上院軍事委員会で「われわれはいま困難な状況にある」「軍事関与は、疑いなく長期化するだろう」とのべ、軍事占領への懸念を表明した。国連のデメロ事務総長は24日の記者会見で「真にイラクを代表する体制を待ち望む国民の忍耐が限界に近づいている」「いかなる外国人もイラクを統治できない。イラク人だけが統治する能力と権利を有している」とのべた。

大量破壊兵器の保有という「疑惑」をめぐるイラク戦争は、圧倒的な兵力を有する米軍・多国籍軍の猛攻撃で、わずか1か月余で首都陥落、フセイン政権の打倒という結果となったが、戦後、イラク国民の不満が爆発し、テロ戦争としての様相を呈し始めたのである。

CPAや国連は、イラクの復興などの占領行政をすすめたが、これと一体となって米軍は、反政府・反米軍勢力、バース党の残党などをテロリストと認定し、軍事的掃討作戦を開始した。

この作戦は、イラクの「安全・安定化作戦」（SSO＝Security and Stabirity Operation）と称されたが、実態は、イラク国民の不満を軍事的に弾圧する治安作戦にほかならなかった。米軍は連日、イラク国民が忌み嫌う軍用犬を押し立て、テロリストの捜索といって住居にまで侵入した。抵抗する人々を「抵抗者」「テロリスト」として拘束・逮捕した。こうした不満に託《かこつ》けてテロリストが暗躍し、各地で襲撃・戦闘が繰り返された。

２００３年6月には、国連事務所が襲撃・爆破され、米英軍や協力するイラク人に対しテロがおこなわれた。８月19日には、爆弾を積んだトラックによる自爆テロがバグダッドの国連事務所を襲い、デメロ国連事務総長特別代表が死亡した。同月、ヨルダン大使館や国連、国際赤十字委員会へも爆弾事件が拡大し、関係スタッフが国外に撤退する事態まで発展した。

２００４年に入ると、これらの攻撃は激しさを増し、「手製爆弾」（IEO＝Improvised Explosive Device）や「自爆テロ」による犠牲者がイラク全土に拡大した。これらは２００８年まで続き、月

100人以上の米兵が犠牲になる事態になった。とくに、2004年4月に起きたイラク西部の都市ファルージャで起きた襲撃事件は、大規模な戦闘に発展し、米軍による地上戦と空爆は大虐殺と言われるほど多くの犠牲者を出した。

CPAは2004年6月2日、イラク暫定政権を発足させ、主権を委譲したが、占領後の襲撃事件は後を絶たず、復興の見通しに暗雲が漂った。

これらによってイラク戦争の死傷者は、米軍と「有志連合」による軍事侵攻から5月1日の「戦闘終結宣言」までの139名をはるかに上回り、アメリカが約4500名、イギリス約180名などほとんどの「有志連合」国が犠牲者を出す悲惨な結果となった。2007年には、死者数が年間1000人に達し、完全に泥沼化の様相を呈した。

イラク戦争における「有志連合軍」の派遣人数と死者数

国　名	最大派遣人数	死者数
アメリカ	168,000	4,486
ルーマニア	850	3
イギリス	46,000	179
エストニア	45	2
イタリア	3,085	33
オーストラリア	2,000	2
ポーランド	2,500	23
オランダ	1,350	2
ウクライナ	1,632	18
タ　イ	450	2
ブルガリア	475	13
アゼルバイジャン	150	1
スペイン	1,400	11
カザフスタン	29	1
デンマーク	540	7
韓　国	3,600	1
エルサルバドル	380	5
チェコ	160	1
ジョージア	160	5
ハンガリー	300	1
スロバキア	102	4
フィジー	134	1
ラトビア	120	3
その他	3,227	0
合　計	236,689	4,804

（備考）各国の派遣人数はピーク時。死者数は2011年12月の米軍撤退時点。

資料：共同研究「イラク戦争を考える」（慶応大学・延近充編著。米国防総省、英国防省、AP、ロイターの報道をもとに作成）

こうした事態にアメリカ国内では、「ベトナム戦争を繰り返してはならない」「息子や娘を犠牲にするな」との世論が大きく広がり、撤退を求める声が集中した。そのため米軍は、２０１２年12月末をもって完全撤退を余儀なくされた。

◆余儀なくされた米軍の完全撤退―イラクの主権を守った「地位協定」

イラクでは２００６年5月20日、暫定政権に代って、イラク新政府が誕生した。イラク憲法にもとづく議員選挙を得て、マーリキ氏が首相に就任した。議会選挙は、シーア派多数の議会であり、いまだ不安定な政府機構であった。

ブッシュ米政権は、新政府を歓迎するとともに、イラクとの地位協定の締結交渉を開始した。これまでは国連決議にもとづく占領・駐留であったが、イラクが主権国家となり一国の軍隊が主権国家に駐留するには、国際法上、地位協定が不可欠だからである。ブッシュ政権は、イラク暫定政府との交渉をくり返し、２００８年11月28日、「米・イラク地位協定」を締結した。ブッシュ政権はこの地位協定交渉のなかで、イラクへの恒久的な米軍基地を確保することをめざした。アメリカはこれまでイスラエルという友好国はあるものの、中東での基地を保有していなかった。アラブ連盟やイスラム国などの強い反発が根底にあったからである。

しかし、この地位協定は、「米軍は攻撃部隊を２０１０年までに撤退させ、２０１１年末までに完全撤退する」という事実上の「撤退協定」となり、米政権の野望はついえる形となった。

地位協定交渉で最大の焦点となったのは、米軍兵士の裁判権をめぐる問題であった。ブッシュ政権は、「米軍は合意された施設及び地域における米軍及び文民構成員に対する排他的な司法権限を有する」との規定を盛り込むことを要求した。つまり、米軍兵士の裁判権はすべてアメリカが握るという内容である。ところが、イラク政府はこれに強く反発した。交渉の詳細は公表されていないが、イラク政府は、イスラムの国では「女性が米兵にレイプされても米兵に罪は問わないなどという慣習はない」としてきびしく反対したと伝えられている。

周知のように日米地位協定では、米軍の公務中の事件は第一次裁判権が米側にあるという屈辱的な条項があるが、イラク政府はこうした条項を拒否したのである。

米・イラク地位協定は、「米軍及び文民の構成員は、本合意に基づき軍事作戦を実施する際には、イラクの諸法、慣習、伝統及び合意を尊重しなければならない」というイラクの主権を明確にした。裁判権についてもイラク政府が「米軍及び文民構成員に対し裁判権を行使する第一次の権利を有する」と明記した。

そのうえで地位協定は、「米軍は、2011年12月31日までにイラク領土から撤退する」と明記した。これらは、米軍に対するイラク国民の感情が大きく反映しているとみられている。これによってアメリカは、切望していた中東における米軍基地の建設を断念し、完全撤退に至った。

② 「世界の中の日米同盟」と自衛隊イラク派兵

アメリカの泥沼化した軍事占領の中で自衛隊のイラク派兵が強行された。小泉首相は、「イラクの復興」と「日米同盟の強化」を最大の理由としたが、その実態は、「日本防衛」とは無縁のアメリカの軍事占領を全面的に支えるものであった。

2003年5月22・23日、アメリカのイラク戦争が劇的な「勝利」となるなか、ブッシュ米大統領と小泉首相による日米首脳会談が、テキサス州クロフォードで開かれた。テキサス州は、ブッシュ大統領の出身地であり、知事を務めた州である。

この会談で小泉首相は、5月1日の「戦闘終結宣言」から間もないなか、アメリカの大義なき戦争を支持することを表明した。ブッシュ大統領は、会談の冒頭から「イラクでの軍事行動への日本の支持に感謝する」と最大級の賛辞を贈り、小泉首相は、「大統領がピッチャー、私がキャッチャー」と応じ、「われわれの決断は正しかった」とのべた。

◆アメリカの戦争に一度も「ノー」と言ったことがない

日本はこれまで、日米安保条約のもとで、アメリカの戦争に一度も「ノー」といったことがない国であった。歴代自民党政権は、国連で非難決議がおこなわれたアメリカのパナマ侵攻やグレナダ侵略でも「支持」を表明した。また、「理解」や「支持」などという言葉を使い分け、事実上軍事侵攻を「支持」してきた。イラク戦争では、小泉首相は明確に「支持」を表明し、あらためて〝米国いいなり〟ぶりを内外にアピールした。

しかし、今回の「支持」表明は、単なる表明にとどまるものではなかった。両首脳は、「世界の中の日米同盟」を謳い、イラクの復興に日米が協力していくことで合意し、小泉内閣は、事実上、陸上自衛隊を派兵することを表明したものであった。

会談の最大の焦点となった自衛隊のイラク派兵については、「まずは現行法のなかでイラク周辺国で人道物資の輸送のためにC130を派遣する考えがあり、検討したい旨、また、イラク復興支援についての自衛隊等の派遣については日本自身の問題であり、日本の国力を踏まえ、日本としてふさわしい貢献をしていきたい」（外務省「日米首脳会談の概要」5月26日）と発言した。しかし、この自衛隊派兵は単なるイラクの「復興支援」ではなかった。それはアメリカの軍事占領に対する全面的な「軍事支援」であった。実際ブッシュ大統領は会談後の記者会見で、「日本の部隊が人道と復興へ兵站支援を提供する」として、軍事的支援であることを明確にした。国連憲章と国際法を無視した無法な先制攻撃のイラク戦争を支持し、軍事占領への支援までおこなう小泉内閣に、「憲法違反」との指摘が起きたのも当然であった。

◆「イラク特措法」強行と戦闘地域への自衛隊派兵

小泉内閣は、首脳会談を受けて、２００３年６月13日、「イラクにおける人道復興支援活動及び安全確保支援活動の実施に関する法律案」（以下「イラク特措法」）を国会に提出し、自衛隊をイラクの復興支援に海外派遣するための法的根拠を国会に求めた。イラク特措法は、「イラクの復興支援」という謳い文句で自衛隊を海外派兵するものであったが、その中心は、自衛隊による米軍・多国籍軍に対する「後方支援」、つまり兵站支援であった。

イラク特措法は、２つの柱からなり、①自衛隊の人道復興支援活動、②安全確保支援活動であった。「人道復興支援」は、被災民の食糧、医療などの支援、必要な収容施設の建設などである。「安全確保活動」は、米軍がイラクでおこなっている「安全・安定化作戦」、つまり、米軍の軍事占領下での治安維持活動の支援である。特措法は、「イラクの国内における安全および安定を回復するために貢献する」（第3条）としているが、実態は、米軍・多国籍軍の治安確保のための軍事活動、輸送、通信、補給などでの軍事支援活動であった。

また、自衛隊の活動区域は、アフガン戦争への派兵を取り決めた「テロ特措法」と同様、「現に戦闘行為が行われておらず、かつそこで実施される活動の期間を通じて戦闘行為が行われることがないと認められる」（第2条3項）地域とされ、「非戦闘地域」に限定された。武器使用基準も「テロ特措法」と同様、「自己または自己とともに現場に所在する他の自衛隊員、（中略）その職務を行うに伴い自己の管理下に入った者の生命、身体を防衛する」（第17条）ためとして、正当防衛、緊急避難に限定して認められるとした。イラク特措法の期間は、4年の時限立法となった。自民党は当初、事実上の自衛隊海外派兵恒久法をねらったが、国民世論の前に断念し、「イラク特措法」という「特別措置法」に限定された。

「イラク特措法」は、インド洋での米艦への給油作戦を明記した「テロ特措法」と違い、イラクへの地上軍派兵を強行するものであり、きわめて重大な法制化であった。また、イラク全土が占領後の混沌とした状況下で、泥沼化した危険きわまりない戦場への派遣であった。その意味でも慎重な議論が必要であったが、わずか2か月余りのきわめて不十分な審議のなか、小泉内閣・自民党・公明党など与党は、2003年7月26日、民主党、日本共産党などの反対を押し切って強行可決した。

◆戦闘地域に出撃した自衛隊―2017年に明らかになった「行動史」

小泉首相は2003年12月9日、「イラク特措法」にもとづく「基本計画」を決定し、自衛隊をイラクに派兵することを発表した。「基本計画」は、航空自衛隊を派遣するバグダッド空港や北部のモスル空港などを「非戦闘地域」と認定した。また、自衛隊がおこなう活動は、人道復興支援ばかりでなく、「米軍の武器弾薬の輸送、武装兵員の輸送、イラク人による米占領軍への抗議・抵抗運動の鎮圧の支援、フセイン軍残党の米軍掃討作戦の支援、武装解除や敵の部隊を打ち破る攻撃の支援」(外交防衛委員会、2003年12月16日)であることを明らかにした。

小泉首相は記者会見で、憲法9条という言葉を封印し、憲法前文を引き合いに出して、イラク派兵が「憲法の精神、理念に合致する行動」であるとし、つぎのようにのべた。

「イラク復興支援活動行動史」 第1編・第2編

資料：防衛省公開

「今回の自衛隊派遣につきましては、これはイラクの人道復興支援のために活動してもらうということです。武力行使はいたしません。戦闘行為にも参加いたしません。戦争に行くんではないんです」

また、「アメリカは日本にとって唯一の同盟国」であると強調し、日米安保条約、「日米同盟」からみてイラク派兵に応じることが重要だと強調した。

自衛隊のイラク派兵の実態は、2017年、情報公開法にもとづいて明らかとなった陸上自衛隊幕僚監部の「イラク復興支援活動行動史」（以下「イラク行動史」）によってその実態が明るみに出された。「行動史」は、全2編、430ﾍﾟｰｼﾞにわたるもので、2004年～06年のサマワでの陸上自衛隊の活動とその教訓を記録したものである。もともと平和委員会の「平和新聞」編集長、布施祐仁氏が入手・公表したものであるが、野党の要求で防衛省が国会に提出した。しかし、その国会提出資料の内容は、重大な点がほとんど〝黒塗り〟で提出されるという前代未聞の資料提出となった。

「行動史」にはつぎのような記述があった。

○「今回は、（中略）治安上危険のある地域での人道復興支援活動という、初めての任務であった」

○「発射されたロケット弾は、（宿営地内の）鉄製荷物用コンテナを貫通して、宿営地外に抜けており、一つ間違えば甚大な被害に結びついた可能性がある」

○「至近距離射撃と制圧射撃を重点的に錬成して、射撃に対する自信を付与した」

○「隊員に対して訓練を徹底した後、最終的には『危ないと思ったら撃て』との指導をする指揮官が多かった」

つまり、自衛隊は、バクダッドなど現実に戦闘が展開されている地域とは少し離れたイラク南部のサマワという「比較的安全な区域」に宿営地を建設していたが、実際は、攻撃を受け、現地は「制圧射撃」など戦闘に発展する可能性をも考慮していたことが「行動史」からもうかがえる。サマワも安全ではなかったのである。

サマワ宿営地周辺に対するロケット弾攻撃は、少なくとも14回23発にのぼり、そのうちの4発は宿営地の敷地内に撃ち込まれた。まさに「戦闘地域」であった。これを「戦闘地域ではない」と強弁する小泉内閣の欺まんは明らかであった。自衛隊員が現実に攻撃を受け、「殺し、殺される」危険が決

「イラク人道復興支援行動史」 第1編 125頁の内容

第３章　復興支援活動

降、逐次に迫撃砲対策を強化するとともに、５月以降、新たな資器材等を投入して、同攻撃に対する対策を更に強化した。

（ウ）攻撃の状況（１７．１．２０当時まで）

ａ　迫撃砲攻撃
計５回（４／７、４／２９、８／１０、８／２３、８／２４）

ｂ　ロケット弾攻撃
計４回（８／２１、１０／２２、１０／３１、１／１１）

（エ）対策の考え方

宿営地外策及び宿営地内に対する対策に区分して実施した。また、宿営地内の対策については、攻撃機会の極小（攻撃されない）及び被害の極小（攻撃を受けても被害を抑える）に区分（本分析において後者は割愛）した。

（オ）具体的な対策

ａ　宿営地外での対策

（ａ）地元部族（住民）との良好な関係の構築、地元警察、蘭軍等との連携の強化

（ｂ）現地民による検問所（監視所）を６ケ所設置

（ｃ）新聞、ＴＶ等を活用した広報活動による、自衛隊の活動への理解の獲得

ｂ　宿営地内による対策（攻撃機会の極小）

（ａ）周囲が開豁した地域に宿営地を設定し攻撃機会の極限化

夜間に周辺開豁地の警備のため照明灯をつけていたが、この光が射撃目標となった公算が高かったため、５月以降、宿営地を全灯消灯とした。

（ｂ）警備部隊及び各種監視器材による警戒の実施

・今回は治安情勢が不安定な地域への初めての派遣であったため逐次の器材の導入に伴い警報・連絡処置等をその都度実施した。

・今回の派遣においては、コンテナスキャナー、遠・近距離監視システム等の優れた民間器材を導入したが、装備品に比して故障が多く、修理能力も限られ、更に、補修器材の追送等が困難であった。

・夜間の望楼用監視器材としてＶ３を携行したが、常時の監視は目の疲れ及び監視員に対する狙撃の恐れがあり、部隊用暗視器材を急速追送した。部隊用暗視器材は性能が優れ、姿を隠したままモニター監視ができる。現地部隊の要望も強く最終的には１２機追送した。

・近接感知センサーは、警備態勢の間隙の閉塞及び重要地域に対する継続監視の観点から有効である。自衛隊の装備としては戦場監視システムがあるが、設置に関する地元との調整及び盗難の怖れ等から、今回は家庭用防犯ライトを導入した。

ケ　本国からの派遣部隊に対する情報支援

（ア）陸幕調査部の支援

派遣部隊は、陸幕調査部が作成したイラクに関する基礎資料に基づき、派遣部隊の中期見積を作成した。

- 125 -

定的に高まったのである。現実に戦争がおこなわれている地域で、「戦闘地域」か「非戦闘地域」かといった区別ができないことは明確であった。それは小泉首相が国会で、「戦闘地域」の矛盾を突かれ、「自衛隊がいるところが非戦闘地域だ」と居直った答弁をおこなったことに端的に示されている。

小泉内閣は国会答弁で、「戦闘地域には行かない。危険なところでは安全を優先する」とか「武器使用など危険な状況になった場合は撤退する」といったゴマカシに終始した。しかし、この「行動史」は、自衛隊員が命の危険と紙一重の状況下で活動していた実態を明るみに出した。

◆明るみに出された「イラク日報」―2018年の国会論戦

つづいて2018年4月、安倍内閣は、国会で「破棄した。存在しない」と繰り返してきた自衛隊イラク派遣の「日報」の存在を明らかにした。これは「イラク行動史」と同様、自衛隊員が危険極まりない状況にあったことを詳細に描き出すとともに、自衛隊が非戦闘地域で活動していたという政府の説明が完全なフィクション（虚構）であったことを暴き出した。

防衛省が4月17日開示した「イラク復興支援群活動報告」（以下「イラク日報」）は435日分、1万4929㌻におよびイラクでの自衛隊の活動の一端を垣間見せた。約5年間の派遣期間全体のうち45％にあたる日数の記述で、自衛隊の活動日誌である。現地の治安状況や自衛隊がどのような局面に遭遇したかが記述されている。このなかでは自衛隊が「戦闘地域」で活動している実態が明確となった。

しかし、迫撃砲やロケット弾によるサマワの自衛隊宿営地への攻撃が集中した2004年4月から12月の9か月分（約270日分）については4日分しか公表されていない。この年の4月には、7日と29日に迫撃砲弾が宿営地に撃ち込まれたが、この内容も未公開である。2005年1月11日、防衛省はすでに宿営地にロケット弾が撃ち込まれたとして写真を公開しているが、その「日報」も未公開である。また、自衛隊は、多国籍軍ではないと説明されてきたが、この多国籍軍に関する記述はほとんど〝黒塗り〟である。安倍内閣は、「他国軍の状況を日本が勝手に公表するわけにはいかない」としている。

また、同時に発見された航空自衛隊の「日報」は、２００４年３月６日〜８日分のわずか３日分、３㌻の公開にとどまった。

この限定された「日報」のなかでも、自衛隊の危険な実態が明るみに出た。

○２００５年７月５日の「日報」

《昨夜の「飛翔音、弾着音事案」対応として０６００より宿営地一斉検索実施》「ムサンナ県全般情勢評価の項目では、「サマンサ宿営地付近にロケット弾着弾↓連続発生の可能性は否定できず（実行勢力不明）」とある。ミーティングでは「群長指導事項」として「各指揮官は隊員の

イラク南部の情勢を報告する地図

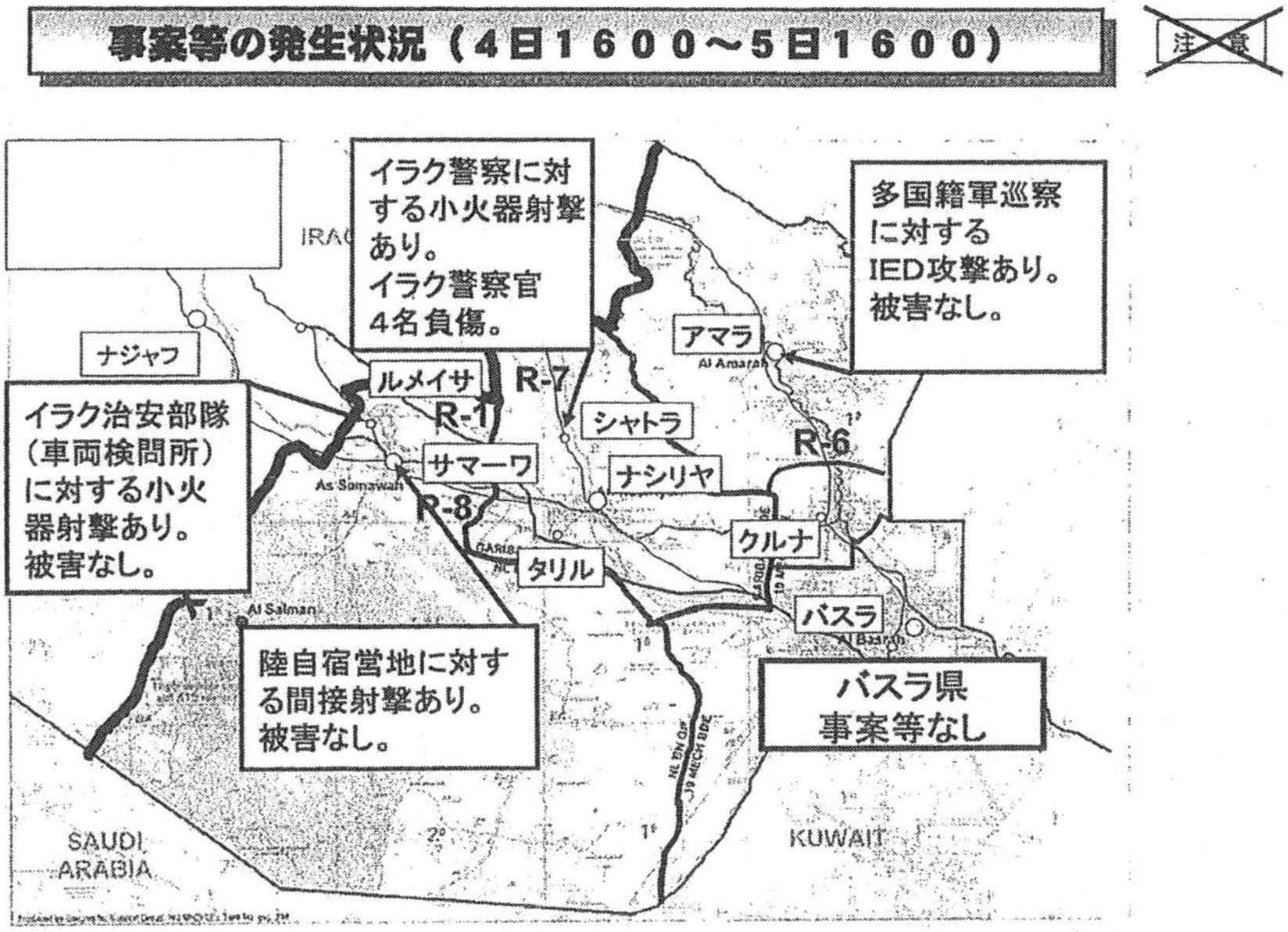

資料：防衛省公開「イラク復興支援群活動報告 17.7.5」（2005年7月5日付）より

精神的なケアーにも着意せよ。」

○2005年11月8日の「日報」

《飛翔音が確認された事案について》7日午後9時54分頃、宿営地で発射音と宿営地上空の飛翔音を確認。宿営地南側付近に弾痕らしきものを確認。

○2006年1月22日の「日報」

《英軍と武装勢力の銃撃戦》21日1622(16時22分)、(サマワの)ポリス通りで英軍に対し小火器射撃、爆発。1630、小火器射撃継続。イラク警察との共同パトロールを実施、小火器射撃を受け応射(死亡2、負傷5)。1630頃、サドル派事務所付近に英軍車両が停車し、周囲をパトロールし始めたことに反感をもったJAM(サドル派民兵)が射撃し始めたことに端を発して、戦闘が拡大。

○2006年4月2日の「日報」

《飛翔音が確認された事案について》3月29日午後9時44分と同46分に「キャンプ・スミッチーとサマワ宿営地に各1発の曲射火器による射撃がなされた」。使用された火器は、「107ミリロケットの可能性が高い」。

これらの「日報」に示された活動の実態は、自衛隊が「戦闘地域」で活動していた実態を明らかにしている。こうした「虚構」が明らかになったにもかかわらず、小野寺防衛大臣は4月18日の参院決算委員会で、「地域全体の情勢は比較的安定していた」とのべ、「自衛隊が活動した地域は非戦闘地域の要件を満たしている」と答弁して「イラク特措法」の「戦闘行為」には該当しないと強弁した。

◆自衛隊による武力行使の危険

実際、「テロ特措法」にもとづくアフガン戦争での海上給油支援も、「戦闘地域には入らない」と説明されたが、実態は、「戦闘地域」での軍事支援であった。

米空母や米巡洋艦は、海上からパキスタン上空を通過し、アフガン全土への巡航ミサイル攻撃をくり返した。空母艦上からは連日戦闘機、爆撃機がアフガンへ攻撃・爆撃をおこなった。

この米空母や軍艦の攻撃地点周辺は、当然「戦闘地域」であった。ところが小泉内閣は、「戦闘地域とは、『国際紛争の一環として、人と物を破壊する行為』であり、アフガニスタンは「戦闘地域」だが、攻撃している空母は人とモノを破壊していないので、『非戦闘地域』である」という理屈にならない見解で軍事支援を容認した。しかし、最後に津野内閣法制局長官は、「戦闘地域」であることを認めた。

陸上自衛隊は、「人道復興支援活動」といいながら、イラク派兵の部隊に、12・7ミリ重機関銃、84ミリ無反動砲、１１０ミリ対戦車砲などを持ち込んだ。なぜこのような戦闘用兵器が必要であったのか。歴代自民党政権は、「武器使用」について正当防衛以外には「武器使用」はしないという見解であった。これは国家間での戦争における「武器使用」は武力の行使、それ以外は「武器使用」という使い分けをはかってきた。それは「自衛」以外には自衛隊は活用できないという立場からの見解であった。

ところが小泉内閣は、海外派兵にあたって「正当防衛」ばかりではなく、武器使用を拡大してきた。また、国連施設への攻撃にも「武器使用」を可能にしてきた。前出「イラク行動史」は、「至近距離射撃と制圧射撃を重点的に錬成して、射撃に対する自信を付与した」と記述した。この「制圧射撃」について質問された中谷防衛大臣はつぎのように答弁した。

「突如、武装グループが武器を搭載した車両で自衛隊の宿営地を一斉に襲撃した場合に（中略）その足を止めるために、当該武装グループに対して連射で一定時間武器を使用するということが考えられる」（衆院平和安全法制特別委員会、15年7月10日）

自衛隊の武装部隊が「連射で一定時間武器を使用する」、これは明確な武力行使ではないのか。「行動史」の記述は、自衛隊が絶えず「武力行使」に踏み出さざるを得ない局面に置かれていたことを端的に示している。

また、陸上自衛隊特殊作戦群の群長を務めた荒谷卓氏は、雑誌『正論』（２０１５年２月号）で武器使用について次のようにのべた。

「イラク派遣の時、番匠幸一郎・第３普通科連隊長（当時）が指揮する１次群が先人の重責を担いましたが、やる気よりも心配がまず先行して、全体の雰囲気が重かった。それで私、射場で「みんな的《まと》のところに集まってくれ」といって、人の形をした的の頭をつかんで、拳銃をホルスターから抜き腰だめにし、ダダダッと実弾を撃ち込みました。銃口よりも自分の体を前に乗り出して、人的を拳銃の連射で打ち抜くわけです。（中略）みんな唖然としていましたね。でもそれで雰囲気はガラリと変わりました」

これらは、自衛隊がイラク派兵で、武器使用も含め戦闘に備えていたことを明白にしている。

◆多国籍軍と一体となった兵站《へいたん》支援

自衛隊の軍事支援は、「戦闘地域」で強行されたという問題ばかりではない。「有志連合」という「多国籍軍」と一体となった軍事活動であった。

これまで政府は、憲法９条の制約から、武力行使を目的とする「多国籍軍」には自衛隊は参加できないという見解であった。そのためイラクの自衛隊派兵は、武力行使を前提とする「有志連合」には加わらず、自衛隊による「独自の自立した活動」と説明された。しかし、実際には、自衛隊幹部が「多国籍軍」司令部に入り、軍事的に一体となってサマワでの軍事支援活動をおこなっていた。

現地の連合軍が発行した機関紙「シミタール（編注：三日月の意）」（２００４年２月20日付）は、その一面に「日本人、連合軍に参加」との記事を掲載した。同紙は自衛隊のイラク派兵について「日本の第二次世界大戦以来初めての戦闘地域派兵であり、国連の委任なしの初めての派兵だ」と報じ、連合軍司令部のパーマー米軍大佐が「いまや日本はわれわれにとっての最大の同盟国だ」「日本政府が、治安活動と対テロ戦争において自国の軍隊が他国と肩を並べて活動することを進んで認めたのだから、歴史的な瞬間だ」と発言したことを伝えた。また、「『イラクの自由作戦Ⅱ』で日本が果たしている連合軍での役割は、人道復興支援と連合軍兵士の空輸だ」との自衛隊幹部の発言を紹介し、パーマー大佐が「これほど大規模な連合軍の取り組みに日本の軍隊が加わることの歴史的重要性を実感している」とのべたことを伝えた。

自衛隊参謀が２００４年１月の派遣当初から、多国籍軍の司令部で活動していたのである。２０１８年に明らかとなった「イラク日報」が多国籍軍の記述を公表しないのは、こうした密接な軍事一体化の実態があると推察できる。自衛隊は明白に連合軍の一員であったのである。

小泉内閣の川口外務大臣は04年2月25日の参院イラク有事特別委員会で、「日本は連合の一員であるけれど、連合軍ではない」と答弁し、ゴマカシに終始した。しかし、連合軍側は、明確に自衛隊が「連合軍に参加」と断じたのである。これが多国籍軍の武力行使と一体化した憲法違反の行為であることは明らかである。

小泉内閣はまた、自衛隊がイラクでおこなっているのは「後方支援」であり、武力行使と一体化しなければ憲法上の問題は発生しないとの見解を繰り返した。しかし、「武力行使」と「後方支援」という兵站活動が一体のものであることは国際的には常識である。

米海兵隊が作成した「海兵隊教本」は、「兵站は、戦闘と一体不可分であり、戦争行動の中心的構成要素である」と明記している。田中角栄内閣で官房長官を務めた後藤田正晴氏は、戦闘と兵站の関係について、「ヤリの穂先と柄の関係であり、柄がなければヤリではない」とのべ、それらが一体であることを明確にしている。

このようにイラクでの陸上自衛隊の活動は連合軍と軍事的に一体となった、憲法違反の軍事活動が展開されていたのである。

◆憲法違反の判断が下った航空自衛隊のイラク派兵

陸上自衛隊の活動ばかりか、クウェートに派遣された航空自衛隊の輸送活動（03年12月〜08年12月）でも、憲法違反の活動が公然とおこなわれた。

航空自衛隊は、多国籍軍の輸送活動の支援をおこなうとしてC130輸送機3機をクウェート共和国のアル・アリ基地に派遣し、首都バグダッドとの間の軍事輸送活動をおこなった。武装兵員や弾薬、補給物資などの輸送である。

小泉内閣は、「戦闘地域には行かない」という見解とともに、国会で「多国籍軍の弾薬などは輸送しない」との見解を明らかにしていた。ところが実態は、弾薬も事実上輸送していた。

福田康夫官房長官は、国会で「物品と武器の弾薬とそうでないものと混在して一つの荷物にまとめるのは戦地では往々にしておこなわれる。武器弾薬を一つひとつ点検して選び出してそれを別にして、このようなことは実際のオペレーションとしてはなかなかしにくい」（参院外交防衛委員会、2003年12月16日）と答弁していた。物資輸送は、武器も弾薬も、小麦粉やバターと一緒に梱包して輸送するから区分けできないというのである。つまり、航空自衛隊は米軍・多国籍軍の武装兵士とともに、武器も弾薬も輸送していたのだ。

「総理は、弾薬は運ばないと国会で言明されたが、通常の物資とどのように区分けするのか」と問われた小泉首相は答弁に窮し、「政策判断としてやっているんだから、お互いの信頼関係を理解して、日本の人たちは武器弾薬は運ばないんだなということは良く分かっている」（同上）と理屈にならない答弁をくりかえした。

航空自衛隊が輸送していたバクダッド空港はまさに「戦闘地域」であった。小泉内閣は基本計画の中で、「バクダッド飛行場は『非戦闘区域』」としたが、２００３年の11月、12月にも飛行場がミサイル攻撃を受け、とても「非戦闘地域」といった状況ではなかった。マスコミは、自衛隊Ｃ１３０輸送機がバクダッド上空に来ると携帯ミサイルに「ロック・オン」された赤ランプが点灯し、警報が鳴る事態が頻発し、常に回避行動をおこなったと報じた。

実際、クウェート現地の航空自衛隊空輸部長が日本の航空支援集団司令官に報告した「第11期空輸計画部勤務報告について」（２００７年３月12日）は、「(秘) 10期において新たにサレム―バクダッド間及びサレム―バクダッド―エルビル間へと経路を拡大したことにより、多国籍軍及び国連の活動を支援することが可能となった。ただし、バクダッドについては【黒塗り】しており、詳細な情報分析及び判断により、危険の回避を図っていく必要がある」としている。つまり、バグダッド空港は「危険を回避しなければならない」地域であった。

首相官邸でイラクの自衛隊派兵を担当した元内閣官房副長官補の柳澤協二氏は、「当時、航空自衛隊は輸送任務でバクダッド空港まで行きました。（中略）政府案は戦闘が起きたら輸送を中断する仕組みになっていますが、戦闘を行っている部隊の指揮下に入ることになれば、輸送を中断するわけにはいかないでしょう」と指摘した。この点に対し、安倍首相は「(自衛隊が)指揮下に入るか入らないか。入ることはないんですから。自衛隊が独自に判断してですね、そういう状況になれば直ちに退避をする」と答弁した。

現地からの報告書は、「司令官指導によれば、『イラク派遣の目的は突き詰めて言えば我が国の安全保障に貢献することにあり、そのためには、安全確保（隊員を任務で死傷させないこと）を最優先としつつも、空輸任務の実施を通じて米国との連帯感を維持向上させることにある』とされている」（「第14期空輸計画部勤務報告」２００８年３月６日）とし、米国を中心とする多国籍軍の指揮のもとに活動している実態を報告している。

こうしたなか、２００８年4月17日、名古屋高等裁判所は、「自衛隊イラク派遣差し止めなどを求める集団訴訟」の控訴審判決で、航空自衛隊がおこなっている首都バクダッドへの空輸について「憲法9条1項に違反する活動を含んでいる」との判断を示した。

判決は、イラク情勢について「イラク国内での戦闘は、実質的には03年3月当初のイラク攻撃の延長で、多国籍軍対武装勢力の国際的な戦闘だ」とし、バクダッドについては「まさに国際的な武力紛争の一環として行われている人を殺傷し、物を破壊する行為が現に行われている地域」とし、イラク特措法の「戦闘地域」に該当すると認定した。

また、「現代戦において輸送等の補給活動も戦闘行為の重要な要素だ」とし、「少なくとも多国籍軍の武装兵員を戦闘地域であるバクダッドに空輸するものは、他国による武力行使と一体化した行動で、自らも武力の行使を行ったとの評価を受けざるを得ない」と判断し、「武力行使を禁じたイラク特措法に違反し、憲法9条に違反する活動を含んでいる」と判断した。

◆「日米共同作戦」として強行されたイラク派兵

重要な点は、自衛隊のイラク派兵が単に「イラク復興」ではなく、日米安保条約第5条の「日米共同作戦」として強行された事実である。

周知のように日米安保条約第5条は、「日本国の施政の下にある領域における、いずれか一方に対する武力攻撃」に対し、「共通の危険に対処するように行動する」として、米軍と自衛隊による「共同作戦」を規定している。あくまでも「日本防衛」が前提である。

しかし、イラク派兵は、「日本防衛」とはまったくの無縁である。日本が攻撃を受けていないのに、中東のイラクでの戦争に自衛隊が派兵されたのである。しかも、米軍と自衛隊が在日米軍基地を使って訓練し、米軍が自衛隊に戦法を伝授してイラク派兵が強行された。

陸上自衛隊は、イラク派兵にあたって、北富士演習場（山梨県）に宿営地をつくり、ここでの訓練をおこなって派兵された。東富士演習場（静岡県）では、イラクで特有の手製爆弾（ＩＥＤ）の処理方法を米海兵隊から伝授された訓練がおこなわれたことが、米軍の〝キャンプ富士〟のホームページに掲載されていた。

航空自衛隊は、小牧自衛隊基地（愛知県）からＣ１３０輸送機がイラクへ派遣される際、ここに横田基地の米空軍Ｃ１３０輸送機部隊からベテラン・パイロットが出張し、「戦闘地域」であるバクダッド空港にどのように降りるか、チャフ（電波ぎまん紙）を撒き、ミサイル攻撃をかいくぐる回避行動をどのようにおこなうかを伝授された後、イラクにむけ出撃した。

このような事実は、自衛隊と米軍が日米安保条約の取り決めを破り、「日本防衛」ではない密接な共同作戦でイラク派兵を強行していたことを明確に物語っている。

◆イラク派遣隊員の自殺者が急増

２００６年７月17日、陸上自衛隊はイラクからの完全撤退を完了した。イラクに新政府が樹立したことを受けての撤退であった。

イラクの情勢はきわめて泥沼化して危険な状況ではあったが、幸い自衛隊は一人の犠牲者も出さずに任務を終了した。小泉首相から

アフガニスタン／イラク戦争の派兵経験自衛官の自殺者数

派兵先・部隊		派兵期間	自殺者数	のべ派兵数	割　合
インド洋	海	2001～07、08～10年	25人	約１万3300人	532人に１人
イ ラ ク	陸	2004～06年	21人	約5600人	267人に１人
	空	2003～09年	8人	約3630人	454人に１人
自衛官自殺者数（2013年度）			76人	——	2970人に１人
全国の自殺者数（2014年）			2万5427人	——	5000人に１人

※自衛官自殺者数は防衛省提出資料、全国の自殺者数は内閣府統計
資料：『戦争法と日米安保』安保がわかるブックレット14、安保破棄中央実行委員会

引き継いだ安倍首相は、06年9月29日、国会での所信表明演説で、「陸上自衛隊が一人の犠牲者も出すことなく人道復興支援活動を遂行したことは歴史に残る偉業だ」とのべた。

しかし、「イラク行動史」や「イラク日報」でつづられた緊迫した中でのイラク派兵は、帰国後も若い自衛隊員を苦しめつづけている。

２００３年から09年の５年間でイラクに派兵された自衛隊員のうち、在職中に自殺で死亡した隊員は、15年時点で29人にのぼっている。陸自21名、空自８名である。２００１年から10年まで継続したアフガン戦争（インド洋）でも海自隊員25名が自殺している。

安倍内閣は、「自殺は様々な要因が複合的に影響し合って発生するので、海外派遣との因果関係を特定するのは困難」としている。しかし、こうしたことが当初から自衛隊で予見されていたことは、明らかとなった「イラク復興史」や「日報」で明白である。「復興史」には、「イラクにおける活動に関しては、現地での過酷なストレス環境のみならず、惨事が発生した場合のストレスによる精神疾患等の発生が危惧された」と指摘している。

アメリカや英国でも同様の事態が起きている。イラクやアフガニスタンに派遣された兵士の自殺が社会問題になっているのだ。帰還兵の５人に一人がＰＴＳＤ（Posttraumatic Stress Disorder）＝「心的外傷後ストレス障害」を患っているという衝撃的な事実である。著名な俳優、クリント・イーストウッドが監督をして話題となった映画「アメリカン・スナイパー」もＰＴＳＤの深刻さを描いたものだ。アメリカ国内では、退役軍人の自殺は、１日平均22人との報告がある。戦争・戦闘で多くの犠牲者が生まれたが、その後も危機的事態である。

戦争は、人を殺傷し、施設を破壊するだけでなく、人間の心までも破壊する。大量破壊兵器保有疑惑というウソの情報で戦地へ送られ、命を落とし、心を潰される、このような理不尽なことが許されていいのか、多くの政治指導者たちの責任が問われている。

◆総括なきイラク参戦のねらい

日本においては、自衛隊のイラク派兵の反省も総括もないまま今日に至っているのが実状である。イラク戦争をめぐっては、戦争を主導したアメリカ、イギリスをはじめ参戦国も含め、多くの国が検証活動をおこなった。大量破壊兵器が存在しなかったにもかかわらず、なぜ武力行使、戦争に及んだのか。なぜイラク攻撃を支持したのか。さまざまな角度から検証がおこなわれたのが特徴であった。

アメリカでは２００４年、ＣＩＡ（中央情報局）が主導した調査団が、情報収集の誤りを認める発表をおこなった。米議会上院情報委員会は7月、大量破壊兵器保有の疑惑について「ＣＩＡが多くの過ちを犯し、誇張して伝えた。米大統領や議会が開戦にあたって判断する材料とした情報には欠陥があった」と報告した。

これらの調査結果を踏まえ、ブッシュ大統領は05年12月、ワシントン市内で演説し、「イラクの大量破壊兵器に関する情報機関の分析は、多くが誤りであることが判明した。大統領として、イラク攻撃を決断した責任がある」とのべた（時事通信、12月14日）。

アメリカと並行してイギリスでは、包括的な検証がおこなわれた。英国ではすでに調査がおこなわれてきたが、不十分だとして２００９年6月15日、ブラウン前首相が「イラク戦争への参加に関する英国の独立調査委員会」を設置し、検証をすすめた。北アイルランド省の事務次官チルコット氏が委員長になったことからチルコット委員会と呼ばれた。ここでは膨大な調査資料とともにイラク帰還兵や野党のリーダー、当時の首相として戦争を推進したブレア首相など、さまざまな角度からの検証がおこなわれた。

２０１６年7月6日、報告書は、「イラクに対しては査察も外交的努力もまだ継続されていた。英国は安保理の承認なしに戦争に踏み切った。最後の手段として戦争に打ってでざるを得ない状況には立ち至っていなかった」とした。また、「平和的な手段を尽くす前に侵攻した」と断定し、ブッシュ米政権や当時のブレア政権をきびしく批判した。ブレア前首相は15年10月、アメリカのCNNのインタビューに答え、「我々が入手した情報が間違っていたという事実については謝罪する」とすでにのべていた。オランダも2010年独立調査委員会をつくり、500㌻にわたる報告書を発表し、イラク戦争は国際法違反と断じた。

こうした国際的な動向に対し、当時の日本の民主党政権の対応はきわめて恥ずべきものであった。外務省は2012年「対イラク武力行使に関する我が国の対応」というわずかA4判4ページの短い報告書を公表しただけであった。このなかでは、「イラクに大量破壊兵器が存在しないことを証明する情報を外務省が得ていたとは確認できなかった」として大量破壊兵器の有無を確認しないままアメリカの先制攻撃を「支持した」と結論づけた。しかし、大量破壊兵器の有無に関する情報だけで、戦後初めての自衛隊派兵や占領支援活動などについての検証はまったくないままであった。

自衛隊イラク派兵差止訴訟弁護団の川口創弁護士（事務局長）は、「検証の名に値しない。こんなものを『検証』と称して公表すること自体、国際社会の恥だ」ときびしく批判した。また、「この時期に出したのは、アリバイ的にイラク戦争の〝検証〟を終え、集団的自衛権の行使に向かうためではないか」（「赤旗」12年12月22日付）と指摘した。

◆イラク戦争参戦を利用した9条改憲圧力

以上、詳述したように、自衛隊のイラク派兵の実態は、「復興支援」や「アメリカへの支援による日米同盟の強化」などが〝うたい文句〟とされたが、その実態は、対テロ戦争を叫ぶアメリカの軍事占領を全面的に支援するための軍事支援であった。

ところがブッシュ政権などは、自衛隊のイラク戦争への参戦を「反省」「総括」することなく、逆にそれを突破口に、日本に対して憲法9条改憲を強く迫った。

アーミテージ米国務副長官は、小泉内閣がイラク派兵を決定した直後の04年3月の雑誌「文藝春秋」で、「憲法9条は日米同盟の邪魔者だ」とのべた。アーミテージ元副長官はまた、07年2月、米国防大学国家戦略研究所の特別報告（アーミテージ報告）で、つぎのように改憲圧力を強めた。

「日本の自衛隊が『不朽の自由作戦』（注：アフガン戦争）を支援して、インド洋に展開し、復興努力を支援してイラク国内および周辺に展開したことは東アジアの地理的範囲を超えて貢献を行うという日本のイニシアチブを示すものとなった」

「憲法について現在日本で行われている議論は、地域及び地球規模の安全保障問題への日本の関心の増大を反映するものであり、心強い動きである。この議論は、われわれの統合された能力を制限する、同盟協力に対する現存の制約を認識している。（中略）米国は、日米が共有する安全保障利益が影響を受けるかもしれない分野で、より大きな自由をもった同盟パートナーを歓迎する」

この報告書は、自衛隊のアフガン・イラク戦争参戦を高く評価し、日米同盟協力にある「現存の制約」から「より大きな自由をもった」同盟に変える必要性を説いている。

自衛隊は、「イラク復興史」や「イラク日報」に明記されているように、武力行使を目的とする多国籍軍司令部に参加した。「戦闘地域」で米軍の武力行使を支援する活動を展開した。多国籍軍の「武力行使と一体」となって武装米兵や武器・弾薬の輸送に従事した。いずれも憲法違反の軍事支援活動である。

9条改憲は、これらの活動を「自由に」遂行できるようにせよというアメリカからの圧力を契機としている。これらの改憲圧力は、イラク戦争への参戦など、日本が「日本防衛」だけでなく、「米国防衛」「他国防衛」を担う集団的自衛権行使容認を要求したものであった。その結果はじめて、限定的ではあるが集団的自衛権行使を容認した「安保法制」（2015年）では、イラクでおこなわれた軍事活動が明記されている。「戦闘地域」での活動を強行することが法制化されている。武器使用も、「正当防衛」を原則とするものから「任務遂行型」、つまり先制攻撃的な武器使用が可能に変更された。

安倍首相など改憲勢力は、「自衛隊を憲法に明記する」だけの改正だと強調するが、現在の9条改憲のねらいは、イラク戦争のような軍事支援活動がなんらの制約なく自由におこなえることをめざしている。海外での武力行使の自由をめざすものだ。

いま多くの国民が、このアメリカの執拗な圧力をはねのけて、「9条改憲反対」「憲法守れ」の運動をすすめているが、その成功はアジアと日本の未来、平和への大きな貢献となるものである。

③ 戦後初めての自衛隊海外基地の建設

アメリカのイラク戦争への軍事協力を受けて、自民党政権は、中東への海外派兵態勢の強化に乗り出した。「海賊対処」を理由としたジブチ共和国での戦後初の自衛隊海外基地の建設である。

◆「海賊対処」を口実にした海外基地の建設

麻生太郎内閣は2008年10月、中東・アデン湾での「海賊対処」として海上自衛隊を派遣することを決定した。国連安保理決議にもとづくものであると説明された。防衛省は、09年3月30日、護衛艦2隻の派遣を決定し、4月3日にはP3C対潜哨戒機2機を派遣し、自衛官約400名が配備されることになった。麻生内閣は、国連安保理決議の「要請」であることを強調したが、これは義務的なものではなく、自民党政権の野望の一つであった海外基地建設のねらいが見え見えであった。

麻生内閣は、海外派兵の法的根拠のないもとで、自衛隊法82条の「海上警備行動」を根拠に海上自衛隊を派遣した。また4月3日、自衛隊の基地建設のためジブチ共和国と地位協定（「ジブチ共和国における日本国の自衛隊等の地位に関する書簡」）を締結した。

さらに国会では、09年6月、「海賊行為の処罰及び海賊行為の対処に関する法律」（以下「海賊対処法」）を国会に提出し、成立させた。

この「海賊対処法」を受けて、戦後初の自衛隊海外基地の建設を容認したのが鳩山民主党内閣であった。鳩山内閣とこれを受け継いだ菅内閣のもとで防衛省は、総額47億円を投入して、ジブチ共和国のジブチ国際空港内に約12㌶の土地を取得した。そして、整備用格納庫、宿舎、駐機場などを建設し、２０１１年６月１日、自衛隊初の恒久的な海外基地を開設した。防衛省は、これを「恒久的な基地ではなく、あくまでプレハブ的な撤去可能な建築物」と説明し、「活動拠点」と呼んだ。しかし、ジブチ共和国との「地位協定」では、「施設の建設」と明記され、日米安保条約の条文同様「施設」＝「基地」の建設であった。キャンベル米国務次官補は、米議会下院の対日問題公聴会で、スナイダー議員の「日本はジブチで第二次世界大戦以来初めての海外軍事基地を完了させる予定である。私はこれは画期的なことだと思うがどうか」との質問に、「その通りだ」（２０１０年７月27日）と答えている。

ここには海上自衛隊ばかりか、警備活動と称して陸上自衛隊の海外派兵専門部隊「中央即応集団」の第一空挺団や即応連隊などが派兵された。

◆「海賊対処」は、「集団的自衛」

ジブチでの自衛隊初の基地建設と「海賊対処」活動は、中東における自衛隊の前方展開基地として大きな変貌を遂げようとしている。２０１２年の第２次安倍政権の誕生で、この

ジブチ共和国の自衛隊基地

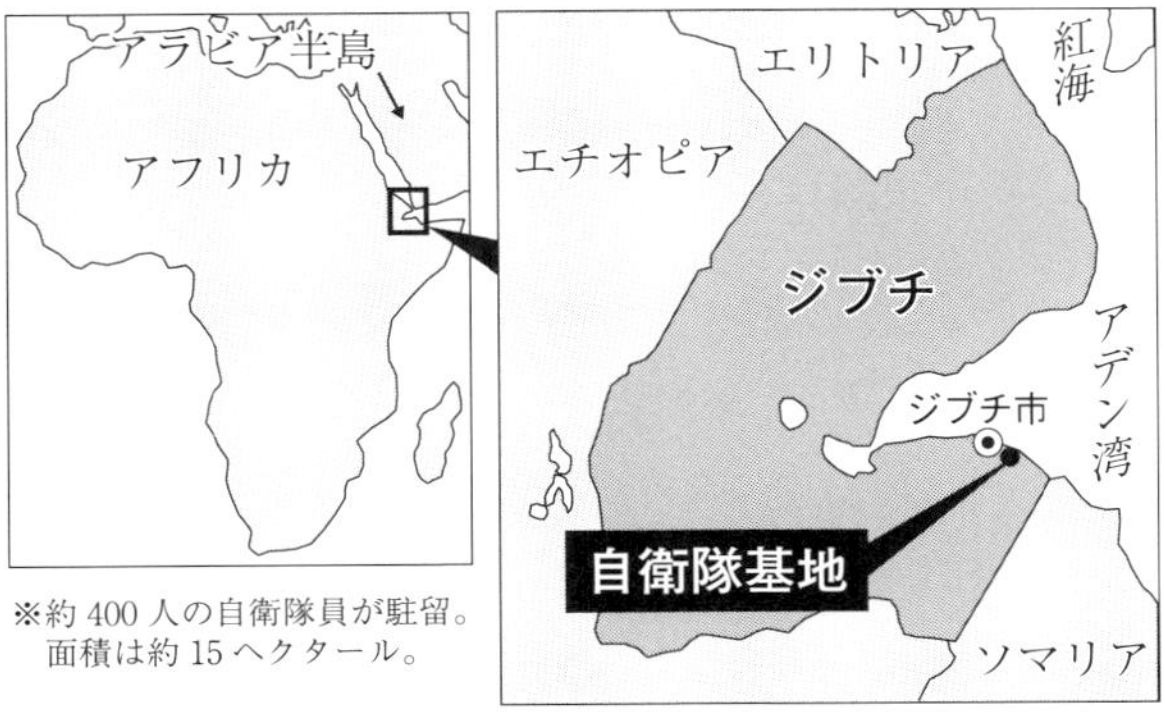

※約400人の自衛隊員が駐留。面積は約15ヘクタール。

資料：「赤旗」2017年12月24日より

動きが急速に進展した。

防衛省は２０１３年7月9日、「海賊対処法」にもとづく自衛隊の軍事行動の延長を決定した。つづいて、12月から米軍主導の第１５１合同任務部隊（ＣＴＦ１５１＝Combined Task Force151）という中東における多国籍軍に参画することを決定した。同時に、自衛隊は米軍やフランス軍、中国軍など多国籍軍に参加する他国の軍隊とソマリア沖の海域を分担して護衛作戦を展開する「ゾーン・ディフェンス」を実行することを明らかにした。「ゾーン・ディフェンス」は、いわゆる他国軍との「海域分担」であり、政府はこれまで集団的自衛権の行使にあたるとして、憲法上「海域分担はできない」との見解をとってきた。しかし、自衛隊は、「海賊対処」を口実にして、中東でこれをはじめて強行したのである。

９条改憲圧力の急先鋒であるアーミテージ元国務副長官は著書で、「あれこそ（注：ジブチでの軍事活動）『集団自衛』そのものですよ。かつ陸・海・空による統合作戦なのです」（「日米同盟ＶＳ中国、北朝鮮」文藝春秋）と高く評価した。

第１５１合同任務部隊は、アフガン戦争を遂行するための米第5艦隊が率いる第１５０合同任務部隊（ＣＴＦ１５０）から「海賊対処」に特化して編成された多国籍軍である。ＣＴＦ１５０は、ペルシャ湾の機雷封鎖の阻止行動や海上阻止行動、アフガンへの海上からの攻撃作戦をおこなう部隊である。一方、ＣＴＦ１５１は、ペルシャ湾の南に位置するアデン湾での「海賊対処」としているが、「海賊対処」ばかりでなく、海上監視行動全般を実行している。

安倍内閣は２０１８年度防衛予算で、この基地をさらに拡大し、15ヘクタールの基地に増強した。中東に建設された戦後初めての自衛隊基地は、前方展開基地として危険な役割を担う方向で強化・拡大されている。

④ 海外での武力行使をめざす「戦争法」による集団的自衛権行使

２０１２年９月、野田民主党政権から政権を奪還した安倍首相は、第１次政権（２００６年９月〜07年８月）と同様「憲法改正」をかかげ、これまで歴代自民党政権がなしえなかった違憲の集団的自衛権行使容認にひた走った。

集団的自衛権は、自国が攻撃を受けていなくとも、同盟国に対する攻撃があれば参戦し、海外での武力行使を容認するものであり、憲法９条に真っ向から反するものであった。歴代米政権はこれまで、日米安保条約前文で「集団的自衛の固有の権利を有している」と明記し、その容認を迫っていた。集団的自衛権はいわば、安保条約が軍事同盟であることの証しである。しかし、「憲法９条は日米同盟の邪魔者」と称されたように、その行使は憲法９条によって押し止められていた。

安倍首相は、この憲法９条の壁を突破し、日本が海外で「戦争する国」となる道を突きすすもうとしているのである。

◆違憲の集団的自衛権行使容認に走る安倍内閣

集団的自衛権は、国連憲章51条に明記されたものであるが、歴代自民党政権は、「わが国が、国際法上、このような集団的自衛権を有していることは、主権国家である以上、当然であるが、憲法９条の下において許容される自衛権の行使は、わが国を防衛するため必要最小限度の範囲にとどまるべきであると解しており、集団的自衛権を行使することは、その範囲を超えるものであって、憲法上許されないと考える」（１９８１年５月29日、内閣法制局見解）との立場をとってきた。

安倍首相は、集団的自衛権行使容認への〝第一弾〟として、２０１３年２月７日、首相の私的諮問機関「安全保障の法的基盤の再構築に関する懇談会」（以下、「安保法制懇」）を復活させた。この「法制懇」は、「有識者で構成する」といいながら、実際は、防衛省、自衛隊、外務省ＯＢや集団的自衛権行使容認の専門家で占められ、国の重要課題である「集団的自衛権行使」を公平・公正に議論する「懇談会」とは程遠いものであった。しかも、懇談会の議事録は「非公開」で、国民に隠された秘密懇談会でもあった。

「安保法制懇」はすでに第一次安倍内閣の時にも集団的自衛権行使を容認する報告書を提出していたが、２０１４年5月15日、「集団的自衛権は憲法9条の範囲内」とする「安全保障の法的基盤の再構築に関する懇談会報告書」をふたたび安倍首相に提出した。「結論ありき」の茶番劇であることは明確だった。

「安保法制懇」が示した集団的自衛権行使の「具体的事例」は以下の通りである。

（集団的自衛権）
○公海上での米艦防護
○米国に向かう弾道ミサイルの迎撃
○日本近隣で有事が発生した際の船舶の検査、米艦等への攻撃の排除
○米国が武力攻撃を受けた場合の対米支援
○日本の民間船舶が航行する外国の海域での機雷除去

（集団安全保障）
○国際平和活動をともにする他国部隊への「駆けつけ警護」など自衛隊の武器使用
○国際平和活動に参加する他国への後方支援
○国連安保理決議にもとづく多国籍軍への参加

安倍首相は、この報告書について、「今回の報告書では、二つの異なる考え方を示していただきました。しかし、一つは、個別的か、集団的かを問わず、自衛のための武力行使は禁じられていない」

とのべ、「自衛」という口実で、集団的自衛権行使を容認する立場を明確にした。

すでに指摘したように、自国が武力攻撃を受けた場合に反撃する個別的自衛権と、自国が攻撃を受けていない場合でも戦争を起こす集団的自衛権とは根本的に違う。安倍首相の手法は、これを「自衛」という言葉で意図的に混同させ、どちらも「自衛」なのだから集団的自衛権を行使しても何ら問題はないという見解を示したのである。集団的自衛権は、同盟国アメリカが引き起こす戦争への自衛隊の参戦、自衛隊の武力行使であり、侵略的軍事行動にもつながる可能性がある戦争行為である。これが憲法9条に反することは誰が見ても明らかである。戦前には、日本とドイツのヒットラー、イタリアのムッソリーニによる日独伊防共協定（「日独伊3国同盟」）があった。この当時、国連憲章はなかったが、文字通りの軍事同盟で、自国が攻撃を受けていなくても同盟国が攻撃を受けた場合の参戦を取り決めた、いわゆる「集団的自衛権」行使を明記していた。今回の報告は、こうした教訓を踏まえず、「自衛」の名で軍事同盟強化をはかるものである。

◆集団的自衛権行使容認の閣議決定の暴挙

２０１４年７月１日、安倍内閣は、「国の存立を全うし、国民を守るための切れ目のない安全保障法制の整備について」と題する閣議決定をおこない（１８６㌻〈資料２〉参照）、集団的自衛権の行使を容認することを決定した。解釈改憲の暴挙である。

この閣議決定は、前述の「安保法制懇」の提言を踏まえ

閣議決定後、安倍首相が記者会見で示した図
（2014年7月1日）

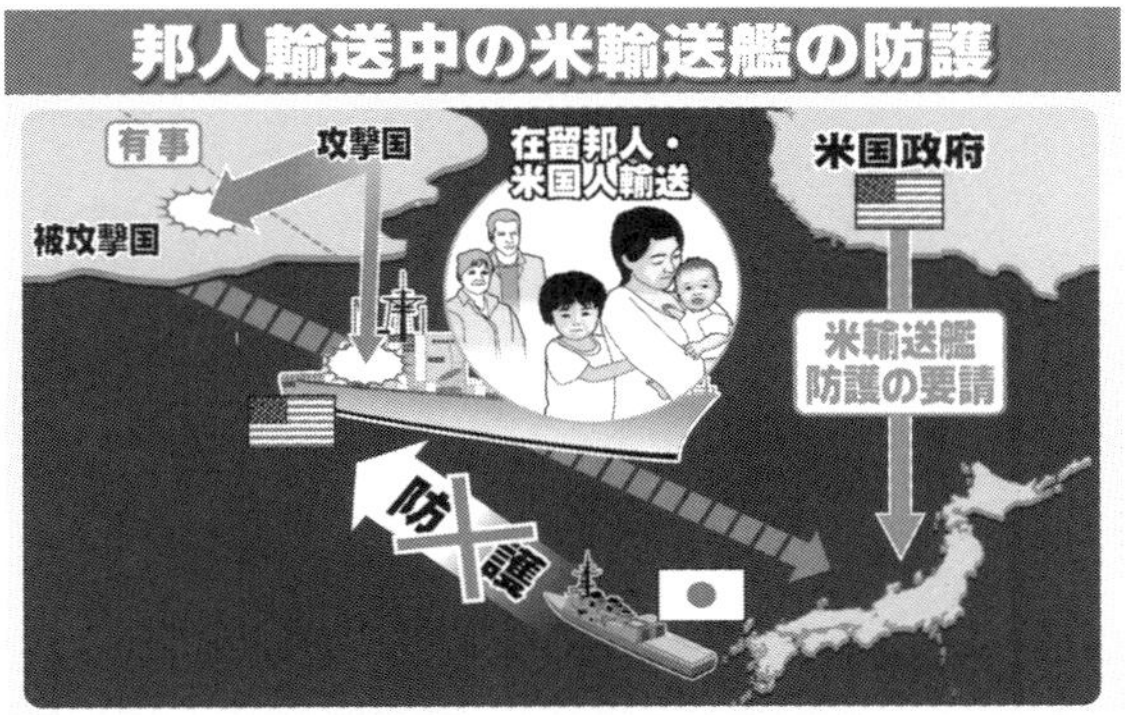

た形をとっているが、その内容はきわめて欺まん的なものであった。

その第一は、「集団的自衛権行使容認」の閣議決定でありながら、「集団的自衛権」という文言はわずか2カ所にとどまり、国民に対し、海外での武力行使という「戦争する国づくり」の本質をできる限り小さく見せようとするゴマカシである。

この閣議決定のなかには、もっとも中心的な「集団的自衛権」とは何かは、まったく触れられていない。唯一、「憲法上許容される上記の『武力行使』は、国際法上は、集団的自衛権が根拠となる場合がある」と説明しているだけである。

集団的自衛権は、「自衛権」という文言が使われているが、それは自国への武力攻撃に対する正当防衛としての「自衛権」では決してない。主権者国民に対して、この本質を何も語らず、他国の戦争に参戦し、巻き込まれてしまった、集団的自衛権の行使をしてしまったというのは、国民を愚弄する以外のなにものでもない。

第二は、「安保法制懇」の手法を採用し、個別的自衛権と集団的自衛権を意識的に混同し、「自衛権」という文言で国民に説明することによって、憲法の拡大解釈を強行したことである。

個別的自衛権と集団的自衛権が根本的に異なる点は、自国への攻撃に対する反撃、正当防衛であるかどうかという点である。しかし、閣議決定は、「我が国に対する武力攻撃が発生した場合のみならず、我が国と密接な関係のある他国に対する武力攻撃が発生し、これにより我が国の存立が脅かされ、国民の生命、自由及び幸福追求の権利が根底から覆される明白な危険がある場合においては」、自衛隊の武力行使は、「自衛のための措置として、憲法上許容されると判断するに至った」としている。

「我が国と密接な関係のある他国」とは、軍事同盟国であるアメリカなどであり、これはアメリカ本国が攻撃される場合だけではない。日本周辺に展開する米軍艦や米軍機、米兵が対象である。「我が国の存立が脅かされ、国民の生命、自由及び幸福追求の権利が根底から覆される明白な危険がある場合」とはどんな事態なのか、閣議決定はなんら語らない。

この閣議決定にきわめて迅速に反応したのは、オバマ米政権であり、日米安全保障協議委員会（ツー・プラス・ツー、以下「2＋2」）であった。2014年10月8日、「日米防衛協力のための指針の見直しに関する中間報告」を決定し、日米ガイドラインの見直しに踏み出すことを明らかにした。

このなかでは、「日本の平和及び安全の切れ目のない確保」の項で、「日本に対する武力攻撃が伴わないときでも」「迅速で力強い対応が必要」として、「防空及びミサイル防衛」「アセット（装備品等）の防護」「訓練・演習」などの軍事対応を明記した。また、「見直し後の指針は、日本に対する武力攻撃を伴う状況及び、日本と密接な関係のある国に対する武力攻撃が発生し、日本国憲法の下、2014年7月1日の閣議決定の内容に従って日本の武力の行使が許容される場合における日米両政府間の協力について詳述する」と明記した。

日本の「安保法制」ができる前から、〝先取り〟として日米間の軍事協力を強化・拡大することが内外に宣言されたのである。

◆違憲立法「安保法制」（戦争法）の強行

安倍内閣は、2015年5月15日、「国際平和共同対処事態に際して我が国が実施する諸外国の軍隊等に対する協力支援活動等に関する法律案」（「国際平和支援法案」）と10本の法律・改正案をひとまとめにした「平和安全法制整備法案」（次ペ参照）を閣議決定した。

この法案提出に先立って安倍首相は4月26日から5月3日まで訪米し、オバマ大統領との首脳会談に臨んだ。このなかで「日米同盟の一層の強化」で合意し、29日には日本の総理大臣としてはじめての上下両院合同会議での演説をおこない、要旨つぎのようにのべた。

「日本は今安保法制の充実に取り組んでいます。実現のあかつき、日本は危機の程度に応じ、切れ目のない対応がはるかに良くできるようになります。この法整備によって自衛隊と米軍の協力関係は強化され、日米同盟はより一層強固になります。それは地域の平和のため確かな抑止力をもたらすでしょう。戦後初めての大改革です。この夏までに成就させます」

日米軍事同盟の盟主アメリカに、集団的自衛権行使を「夏までに成就させる」ことを誓ったのである。

安倍首相は、「安保法制」の閣議決定後の記者会見で「70年前、私たち日本人は一つの誓いを立て

2015年安保法制（戦争法）の概要（呼称と説明は政府発表のもの）

○平和安全法制整備法案
【自衛隊法等の一部を改正する法律を束ねたもの（10本）】

1. **自衛隊法**の改正
2. **国際平和協力法**（国際連合平和維持活動等に対する協力に関する法律の改正）
3. 周辺事態安全確保法の改正→**重要影響事態安全確保法**に変更（重要影響事態に際して我が国の平和及び安全を確保するための措置に関する法律）
4. **船舶検査活動法**（重要影響事態等に際して実施する船舶検査活動に関する法律の改正）
5. **事態対処法**（武力攻撃事態等及び存立危機事態における我が国の平和及び独立並びに国及び国民の安全の確保に関する法律の改正）
6. 米軍行動関連措置法の改正→**米軍等行動関連措置法**に変更（武力攻撃事態等及び存立危機事態におけるアメリカ合衆国等の軍隊の行動に伴い我が国が実施する措置に関する法律）
7. **特定公共施設利用法**（武力攻撃事態等における特定公共施設等の利用に関する法律の改正）
8. **海上輸送規制法**（武力攻撃事態及び存立危機事態における外国軍用品等の海上輸送の規制に関する法律の改正）
9. **捕虜取扱い法**（武力攻撃事態及び存立危機事態における捕虜等の取扱いに関する法律の改正）
10. **国家安全保障会議設置法**の改正

○国際平和支援法案　【新規制定（１本）】
（国際平和共同対処事態に際して我が国が実施する諸外国の軍隊等に対する協力支援活動等に関する法律）

資料：内閣官房、内閣府、外務省、防衛省『「平和安全法制」の概要』

ました。もう二度と戦争の惨禍を繰り返してはならない。この不戦の誓いを将来にわたって守り続けていく。そして、国民の命と平和な暮らしを守り抜く。この決意の下、本日、日本と世界の平和と安全を確かなものとするための平和安全法制を閣議決定いたしました。（中略）ですから、戦争法案などといった無責任なレッテル貼りはまったくの誤りであります」とのべた。

しかし、この「平和安全法制」が憲法違反のまぎれもない「戦争法」であることは、国会審議であますところなく明らかとなった。

6月4日、「立憲主義」をテーマに衆院憲法審査会が開かれ、憲法学者3名が招致された。自民党推薦の長谷部恭男早稲田大学法学学術院教授、民主党推薦の小林節慶應義塾大学名誉教授、笹田栄司早稲田大学政治経済学術院教授である。このなかで3名とも安保法制は、「違憲」と断言したのである。小林名誉教授は要旨、「憲法9条2項で軍隊との交戦権は与えられていない。9条をそのままに、仲間を助けるために海外に戦争に行くというのは、憲法9条、とりわけ2項違反だ」と証言した。

この11本の「平和安全法制」は、日本が他国から武力攻撃を受けていないのに、自衛隊が米軍と一緒に戦争に参戦する法整備、つまり集団的自衛権行使を具体化する法律である。

「国際平和支援法案」は、「平和」と銘打っているが、アフガン、イラク戦争参戦の際、暫定措置法で対処してきた自衛隊の海外派兵を「いつでも」「どこにでも」できるようにした海外派兵恒久法である。

「重要影響事態法案」は、アメリカが世界で起こす戦争に自衛隊が国会の事前承認を得ることなく後方支援、すなわち兵站支援に出撃できることを定める法律である。この出撃で自衛隊が攻撃を受け、集団的自衛権行使につながる、いわば集団的自衛権行使の〝入口〟ともいえるものである。

集団的自衛権行使の本体は、「武力攻撃・存立危機事態法案」で、「国民の生命、自由及び幸福追求の権利が根底から覆される明白な危険がある」と判断すれば、日本が武力攻撃を受けていなくても武力行使が可能になる法律である。

また、これにはＰＫＯ法改正案や自衛隊法改正案が含まれ、自衛隊が海外で戦争・戦闘をおこなうことを可能性にする法案がある。例えば、防衛省が作成した「ＰＫＯ法改正に向けた検討」(12年3月27日)と題する文書では、自衛隊がＰＫＯ活動で敵国兵士を「狙撃・射殺」することまで明記されている。「取り扱い厳重注意」とされたこの文書は、「駆けつけ警護」で「実力行使による救出――強行突入・人質奪還等」として、「必要により、敵監視要員を狙撃・射殺して突入部隊の突入・鎮圧を容易化する」と明記し、「殺し、殺し合う」軍事作戦がめざされている。

ＰＫＯばかりではない。「米艦防護」では、自衛艦が米軍艦を護衛し、米艦がミサイルで攻撃を受けた場合、自衛艦が反撃することが国会答弁で明らかにされた。これは自衛隊法改正案であるが、明確な集団的自衛権行使である。

こうした内容を盛り込んだ法案が「戦争法」でなくしてなんというのであろうか。安倍首相が「平和安全法制」と言い張り、「戦争法」をレッテル貼りと言い張るなら、戦前、「自存自衛」のもとに中国への侵略戦争に乗り出した日本の軍国主義やナチスのヒットラーを「世界の平和に貢献した」とでも言うのであろうか。

◆「戦闘地域」での兵站支援

「国際平和支援法案」と「重要影響事態法案」は、イラク戦争の「教訓」を逆手にとって、自衛隊が「戦闘地域」にまで入って米軍の兵站支援活動をおこなうことを明記した。テロ特措法やイラク特措法にはない活動を盛り込んだ。

「国際平和支援法案」第2条は、米軍への軍事支援は「現に戦闘行為が行われている現場では実施しないものとする」と明記した。これはイラク特措法などで「現に戦闘行為が行われておらず、そこで実施される活動の期間を通じて戦闘行為が行われることがないと認められる地域」（特措法第2条）としていた規定を変えたものである。つまり、「戦闘現場」以外は、「戦闘地域」でも、どこででも、軍事支援活動をおこなうことができるという規定である。

小泉内閣は、イラクへの自衛隊派遣の際、「戦闘地域にも行きません。弾薬の輸送もしません」とのべた。しかし現実に自衛隊は「戦闘地域」に深く入って米軍の軍事支援を強行した。「非戦闘地域」とされたサマワの宿営地でも、明らかとなった「イラク日報」によれば、ロケット弾や迫撃砲弾が撃ち込まれ、「一触即発」の事態であった。バクダッド空港に武装米兵や弾薬を輸送した航空自衛隊輸送機も戦闘に巻き込まれる危険な局面にたたされた。安倍内閣は、こうした事態を認識しながら、今回の「安保法制」では、みずから「戦闘地域」で活動する道を選んだのである。

そもそも現実に戦争がおこなわれている戦地で、「非戦闘地域」が設定できるなどということ自体が「架空のシナリオ」にすぎない。この経過は、「非戦闘地域」が自衛隊のイラク派兵を合理化するための便法以外のなにものでもないことを鮮明にしたものである。

「戦争法」で自衛隊の「戦闘地域」の兵站活動を明記したのは、米軍の軍事的要求にもとづいたものである。「もし自衛隊が『戦闘地域』になったから撤退するようなことになったら、日米同盟は吹っ飛ぶ」との懸念の声は、イラク特措法の際にもあった。戦地に派兵される以上、どこでも兵站支援を強行することが本音である。

俳優の宝田明さんは、みずからの戦争体験にふれ、「他国軍の『後方支援』なんていうけど生やさしいものじゃない。私は、『前線』とか『後方』の違いも、兵士と非戦闘員の区別もない戦場をこの目で見たからわかる」（「朝日」16年3月29日付）と語った。

「戦闘地域」での兵站活動は、自衛隊が戦闘に巻き込まれる重大な危険をはらんでいる。しかも「戦争法」は、米軍の弾薬を輸送するばかりでなく、自衛隊が自衛隊の弾薬を提供して戦闘を継続させることまで明記した。こうなると戦闘への参戦である。これによって自衛隊に攻撃が加えられたとの口実で、自衛隊の部隊が武力行使に踏み出していく危険も内包している。

◆「戦争法」のおおもと新「日米ガイドライン」

「安保法制」の国会提出前の4月27日、日米の外務・防衛大臣と国務・国防長官による日米安全保障協議委員会（「2＋2」）が開かれ、「日米防衛協力の指針」の改定、新「日米ガイドライン」が合意された。この新ガイドラインは、軍事同盟の本質である集団的自衛権行使を盛り込んだきわめて重大な改定である。しかもこれが、法案の提出前に合意されたことは、「安保法制」がこのガイドラインの具体化であることを明確にした。

新「ガイドライン」は初めて、「日本以外の国に対する武力攻撃への対処行動」という項目をもうけた。このなかで「自衛隊は、日本と密接な関係にある他国に対する武力攻撃が発生し、これにより日本の存立が脅かされ、国民の生命、自由及び幸福追求の権利が根底から覆される明白な危険がある事態に対処し、日本の存立を全うし、日本国民をまもるために、武力の行使を伴う適切な作戦を実施する」と明記した。そして、その軍事作戦として、①アセットの防護、②捜索・救難、③海上作戦、④弾道ミサイル防衛、⑤後方支援などをあげた。「日本の存立が脅かされ、国民の生命、自由及び幸福追求の権利が根底から覆される明白な危険がある事態」、つまり「平和安全法制」に盛り込まれた「存立危機事態」が新ガイドラインにすでに明記され、それがそのまま法律に書き込まれた。「戦争法案」が新ガイドラインにもとづいていることを端的に示すものだ。

「アセットの防護」とは、「Asset」（財産）、つまり米艦、米軍機などの防護である。これを理由に、「米艦護衛」や「米軍機護衛」を自衛隊に分担させようというのである。「海上作戦」では、機雷封鎖に対抗する機雷除去作戦や米艦護衛作戦があげられた。

日米ガイドラインはそもそも、日米安保条約5条にもとづく日米共同作戦、つまり「日本の施政下への武力攻撃」に対処するための米軍と自衛隊の共同反撃作戦をとりきめたものであった。１９７８年、初の日米ガイドラインでは、「日本防衛」がメーン・テーマであったが、同時に「日本以外の極東における事態で日本の安全に重要な影響を与える場合の日米間の協力」が盛り込まれた。１９９８年のガイドラインでは、「日本周辺地域における事態で日本の平和と安全に重要な影響を与える場合(周辺事態)の協力」が明記された。つまり、アメリカは、日本の自衛隊をなんらかの形で米軍の戦争に巻き込むため、さまざまな手練手管を尽くしていたのである。

新ガイドラインは、「日本以外の国に対する武力攻撃への対処行動」と明記し、集団的自衛権行使容認を明確にした。しかし、これも「日本の存立が脅かされ、国民の生命、自由及び幸福追求の権利が根底から覆される明白な危険がある事態」という限定的な行使という形にとどまらざるを得なかった。

新ガイドラインは、「日米安保条約にもとづくもの」と説明されたが、これは安保条約の大改悪、日米軍事同盟の強化・拡大にほかならない。周知のように、安保条約は「日本の施政下にある区域に対する武力攻撃」に対処するものであったが、今回は、「日本以外への武力攻撃」への対処である。

歴代米政権は、１９６０年の新安保条約の締結当時から、この集団的自衛権行使を前提とした共同作戦をめざしてきた。そのために１９５４年、陸海空自衛隊を創設し、米軍との軍事的一体化を急速に進展させてきた。また、安保条約を文字通り軍事同盟とする攻守同盟化を策してきた。自衛隊のアフガン、イラク戦争への参戦も強行してきた。しかし、憲法9条が立ちはだかり、米政権の思惑である自衛隊の武力行使、自衛隊が米軍とともにあらゆる戦争に参戦する態勢と法整備は実現できなかったのである。周知のように、アーミテージ元米国務副長官は、「憲法9条は日米同盟の邪魔者」とまで言及して、日本政府の態度を非難してきた。

今回の新ガイドラインは、安倍内閣がこうしたアメリカの圧力に迎合し、憲法９条違反の集団的自衛権行使に踏み出したものである。しかもこれは、日米安保条約の事実上の大改悪である。安倍内閣は、アメリカの圧力の中、改憲と安保改悪という「一石二鳥」をねらったのである。

◆「同盟メカニズム」は「日米合同戦争司令部」

新日米ガイドラインは、「(Ⅲ) 強化された同盟内の調整」として、つぎのような「同盟調整メカニズム」の設置で合意した。

A．同盟調整メカニズム

「日米両政府は、日本の平和及び安全に影響を与える状況その他の同盟としての対応を必要とする可能性があるあらゆる状況に切れ目のない形で実行的に対処するため、同盟調整メカニズムを活用する。このメカニズムは、平時から緊急事態までのあらゆる段階において自衛隊及び米軍により実施される活動に関連した政策面及び運用面の調整を強化する」(１９４ページ参照)

この「同盟調整メカニズム」という耳慣れない用語は、日米の合同戦争司令部のことである。また、「調整」というが、世界に軍事情報網を張り巡らす超大国アメリカと自衛隊の「調整」であるから、当然、自衛隊の従属的な指揮機構となる。

防衛省ホームページによると、「同盟調整メカニズム」の構成は以下の通りである。

○日米間の国家安全保障会議、国務(外務)、国防(防衛)、米軍・自衛隊の代表からなる「同盟調整グループ(ＡＣＧ= Alliance Coordinate Group)」を編成する。

ＡＣＧは、日米合同委員会と相互調整、情報交換をおこなう。

○このもとに、共同運用調整所(ＢＯＣＣ= Bilateral Operation Coordination Center)を設置する。米軍と自衛隊のいわゆる「軍と軍の調整機関」である。

○ＢＯＣＣのもとに各軍間の調整所（ＣＣＣ＝Component Coordination Center）が設置される。

２０１６年２月３日、北朝鮮が弾道ミサイル発射実験を強行し、「同盟調整メカニズム」が稼働した。米軍横田基地に設置されたＢＯＣＣは、全国の米軍・自衛隊を指揮した。自衛隊は、ＰＡＣ３迎撃ミサイルの配備・展開を開始した。安保法制とガイドラインの合意が発動されたのである。

これまで米軍と自衛隊は、日米安保条約にもとづく日米共同作戦が実行されている下でも「指揮権は別々」とされてきた。憲法違反の集団的自衛権に踏み込むことになるからであった。米軍と韓国軍は、米軍が韓国に指揮権を返還するとの提案をしたが、従前どおり、指揮権は米軍が握っている。自衛隊の場合は、安保条約制定時、米軍が指揮権をもつ「指揮権の密約」が合意されたが、歴代自民党政権はこれを否定してきた。

しかし、「同盟調整メカニズム」は、「平和時から緊急事態まで」の指揮権を統合するもので、事実上米軍が握ることをあけすけにしたものだ。日本共産党の小池晃参議院議員（書記局長）が国会で暴露した自衛隊統合幕僚監部資料でも「軍軍間の調整所」と明記したことにあらわれている。自衛隊がいつの間にか、軍隊となっていた。この「同盟調整メカニズム」は、「安保法制」には何らの規定もない。事実上、「指揮権の密約」の実行であり、これが日米の戦争遂行機構としての危険な役割を果たすことになる。

◆日本列島を揺るがした戦争法反対運動

安倍内閣は、「安保法制案」を国会に提出し、その成立を策したが、反対運動は日本列島のすみずみまで空前の国民的規模で巻き起こった。「安保法制」が文字通りの「戦争法案」であるというアピールは、反対運動に大きなインパクトを与えた。また、憲法学者がこぞって「違憲立法」と断じたことは、多くの国民の反対運動を加速するものとなった。

2015年の安保法制＝戦争法反対運動

写真：2015年8月30日の国会周辺（学習の友社撮影）

「戦争法案」反対運動は、連日国会前に数万規模の人々が結集し、怒りの声を集中した。東京の国会ばかりではなく、全国各地で「戦争法案反対」の声が大きな広がりをみせ、世論調査での「反対」は、6割以上にのぼった。また、圧倒的多数の憲法学者、歴代の内閣法制局長官、元最高裁判所長官を含むかつてない広範な人々から、「憲法違反」「戦争法反対」の批判が集中した。若者の間でも、「ＳＥＡＬＤｓ」（シールズ Students Emergency Action For Liberul Democracy-s）が結成され、若い世代が反対運動をリードしたことが特徴であった。これらのうねりは、「市民革命」と称され、戦後史ではじめての市民革命的動きの始まりとなった。

安倍内閣・自民党、公明党は、こうした圧倒的国民の声にもかかわらず、２０１５年9月17日、数の力で採決を強行した。この強行にもかかわらず、国民の怒りの運動は、燎原の火のごとく、さらに広がりをみせた。

２０１５年12月には、「安保法制廃止と立憲主義の回復を求める市民連合」（「市民連合」）が結成され、①安全保障関連法の廃止、②立憲主義の回復（集団的自衛権行使容認の閣議決定の撤回を含む）、③個人の尊厳を擁護する政治を実現する、ことを求めた。「市民連合」はまた、２０００万統一署名運動を提起し、戦争法の廃止に向けたあらたな運動を展開した。

また、日本共産党の志位委員長は、「戦争法廃止、立憲主義を取り戻す」、この一点で一致するすべての政党・団体・個人が共同する「戦争法（安保法制）廃止の国民連合政府」の樹立を呼びかけた。

◆「駆けつけ警護」任務の付与と南スーダン「日報」問題

国連ＰＫＯ（平和維持活動）である南スーダンで、自衛隊は戦闘が激化する情勢のもと活動し、きわめて危険な軍事活動に踏み出した。

周知のように日本のＰＫＯ参加には、「５原則」という制約がある。①停戦合意があること、②紛争当事者の同意があること、③中立的な活動をおこなうこと、などである。これらが満たされない場合には撤退するとされた。

南スーダンの情勢は、政府軍と反政府軍が対立し、完全な内戦状態にあった。２０１６年7月には、首都ジュバで大規模な戦闘がおこなわれ、数日間で３００名以上の死者を出す危機的な状態にあった。国連も４００名のＰＫＯ要員を増派することを決定した。安倍内閣は、「５原則」が完全に崩れている状況にもかかわらず、派遣継続を強行した。

こうしたなか10月、国会で浮上した重大な問題は、南スーダンＰＫＯでの自衛隊の「日報」隠ぺい問題であった。「南スーダン派遣施設隊　日々報告」と題するもので、現地の派遣部隊から送られてきたものを、安倍内閣の稲田朋美防衛大臣が「すでに破棄されている」と答弁し、「隠ぺい」していたのである。このなかには、「去年7月、ジュバで大統領派と反政府勢力の間で戦闘が生起した」「宿営地近くでも銃撃戦があった」と生々しい情勢が報告されていた。稲田防衛大臣が、南スーダンの情勢について「現地の情勢は落ち着いている」と答弁していたのとはまったく違った報告が出されていたのだ。稲田大臣は、「戦闘ではなく、武力衝突だ」と答弁し、「５原則」は崩れていないと強弁した。

２０１６年11月15日、安倍内閣は、この南スーダンでのＰＫＯ活動に派遣する陸上自衛隊に対し、「戦争法」にもとづく「駆けつけ警護」の新任務を付与する閣議決定をおこなった。また、他国のＰＫＯ

部隊とともに宿営地を「共同防護」する任務も付与した。「駆けつけ警護」とは、他国のＰＫＯ部隊が政府への抗議活動などの鎮圧をおこなう場合や、人質になった場合、自衛隊が武器を持って駆けつけ、武器使用、戦闘行動をおこなうことである。つまり、内戦状態にある南スーダンで自衛隊がその戦闘に巻き込まれる危険が拡大したのである。

しかも、自衛隊は、戦争法によって、これまで「正当防衛」を原則とした武器使用権限が、「その業務を妨害する行為を排除するため」（ＰＫＯ法26条）という、いわゆる「任務遂行型の武器使用」が可能になった。つまり、自衛隊が直接攻撃を受けなくても武器使用、戦闘行動が可能になったのである。若い自衛隊員が戦闘に巻き込まれる危険を一段と高めるものであった。

このように自衛隊は、国連ＰＫＯ活動においても海外派兵態勢を常態化するとともに、現地での戦闘活動に参加する態勢を強化する危険な段階に突入したのである。

⑤トランプ・安倍政権の「日米同盟第一」路線

２００７年1月のトランプ大統領の就任を受けて、「日米同盟」をさらに本格的な軍事同盟に押し上げる危険なたくらみが進展した。２月10日、トランプ大統領と安倍首相による日米首脳会談と「日米共同声明」は、その方向を鮮明に描き出した。

◆「戦争法」の拡大と本格的な軍事同盟へ

「共同声明」は、「揺らぐことのない日米同盟はアジア・太平洋地域における平和・繁栄及び自由の礎である。核および通常戦力の双方によるあらゆる種類の米国の軍事力を使った日本の防衛に対する米国のコミットメント（関与）は揺るぎない」とした。また、集団的自衛権の行使を明確にした２０１５年の日米ガイドラインを高く評価し、「日米両国の各々の役割、任務及び能力の見直しを通じたものを含め、日米同盟を更に強化するための方策を策定する」ことで合意した。つまり、自衛隊が「安保法制」に示された「限定的」な集団的自衛権行使ではなく、「フルスペック」（無制限）な行使を可能にするという「安保法制」拡大の合意である。同時にこれは、本格的な軍事同盟への道を突き進めるものである。

「安保法制」は、北朝鮮の核・ミサイル開発を利用して危険な軍事威嚇行動を発動した。トランプ政権は外交・軍事の両面で北朝鮮への圧力を強めているが、安倍内閣はトランプ政権の〝後ろ盾〟を受け、「軍事一辺倒」の対応に終始した。安倍首相は、「対話のための対話は意味がない」「対話の時期は終わった」とのべ、軍事的圧力を「最大限に強化する」ことばかりを強調した。そして、強行可決したばかりの「安保法制」＝「戦争法」を発動して、軍事威嚇行動を「最大限」に強化した。

まず安倍内閣は2017年4月、海上自衛隊に対し、東シナ海周辺海域での北朝鮮への監視行動に展開した空母「カールビンソン」との共同訓練を命じた。空母との威嚇訓練である。つづいて5月1日から3日間、ヘリ空母「いずも」と護衛艦「さざなみ」に対し、米補給艦「リチャード・E・バード」の護衛を命じた。「戦争法」の「米艦防護」である。この「米艦防護」は、日本が武力攻撃を受けていない「日本以外の国に対する武力攻撃への対処行動」の一環として強行したもので、「戦争法」での集団的自衛権の行使であった。稲田防衛大臣は国会で、「実施の逐一についてはお答えすることは差し控えさせていただきます」（参院予算委、5月9日）と答弁した。また、4月から海上自衛隊護衛艦が北朝鮮の「ミサイル防衛」にあたる米イージス艦に給油をおこなっていることを明らかにした。この具体的内容も防衛省は公表を差し控えた。

さらに防衛省は、北朝鮮に軍事的威嚇をおこなう米戦略爆撃機B1Bの護衛作戦に乗り出した。グアムから発進したB1Bを、航空自衛隊F2戦闘機やF15戦闘機が護衛し、日本の防空識別圏まで侵攻し、韓国軍戦闘機につなぐという共同軍事作戦訓練である。F2は、福岡県築城航空自衛隊基地から、

同訓練　　　　資料：防衛省発表資料より作成

主要参加部隊	訓練内容
日：第 8 航空団（築城）F2 機 米：第 34 遠征爆撃飛行隊（グアム）B1B×2 機	要撃戦闘訓練
日：第 5 航空団（新田原）F15×6 機 米：第 9 遠征爆撃飛行隊（グアム）B1B×1 機	要撃戦闘訓練 編隊航法訓練
日：第 8 航空団（築城）F2×2 機 米：第 9 遠征爆撃飛行隊（グアム）B1B×2 機	編隊航法訓練
日：第 8 航空団（築城）F2×2 機 米：第 9 遠征爆撃飛行隊（グアム）B1B×2 機	編隊航法訓練
日：第 5 航空団（新田原）F15×2 機 米：第 9 遠征爆撃飛行隊（グアム）B1B×2 機	編隊航法訓練
日：第 5 航空団（新田原）F15×2 機 米：第 9 遠征爆撃飛行隊（グアム）B1B×2 機	編隊航法訓練
日：第 9 航空団（那覇）F15×2 機 米：第 9 遠征爆撃飛行隊（グアム）B1B×2 機	編隊航法訓練
日：第 8 航空団（築城）F2×2 機 米：第 9 遠征爆撃飛行隊（グアム）B1B×2 機	編隊航法訓練
日：第 8 航空団（築城）F2×2 機 米：第 9 遠征爆撃飛行隊（グアム）B1B×2 機	編隊航法訓練
日：第 8 航空団（築城）F2×2 機 米：第 37 遠征爆撃飛行隊（グアム）B1B×2 機	編隊航法訓練
日：第 9 航空団（築城）F2×2 機 米：第 37 遠征爆撃飛行隊（グアム）B1B×2 機	編隊航法訓練
日：F15×2 機 米：B52H×2 機	編隊航法訓練
日：第 5 航空団（新田原）F15×2 機 米：第 9 遠征爆撃飛行隊（グアム）B1B×2 機等	編隊航法訓練
日：第 9 航空団（那覇）F15×2 機 米：第 9 遠征爆撃飛行隊（グアム）B1B×2 機	編隊航法訓練
日：第 8 航空団（築城）F2×2 機 米：第 37 遠征爆撃飛行隊（グアム）B1B×2 機等	編隊航法訓練
日：第 5 航空団（新田原）F15×2 機 米：第 37 遠征爆撃飛行隊（グアム）B1B×2 機	編隊航法訓練
日：第 8 航空団（築城）F2×2 機 米：第 37 遠征爆撃飛行隊（グアム）B1B×2 機等	編隊航法訓練
日：F2×2 機、F15×2 機 米：B1B×2 機	編隊航法訓練
日：第 8 航空団（築城）F2×2 機 米：第 37 遠征爆撃飛行隊（グアム）B1B×2 機	編隊航法訓練
日：第 9 航空団（那覇）F15×4 機、警戒航空隊（那覇）E2C×1 機 米：第 37 遠征爆撃飛行隊（グアム）B1B×2 機等	編隊航法訓練
日：F15×4 機 米：B1B×2 機、B52H×2 機	編隊航法訓練

米空軍B52爆撃機、B1B爆撃機と航空自衛隊の共

期　間	場　所
2016年9月13日	九州周辺の訓練空域
2017年3月22日	九州周辺の空域
4月25日	九州周辺の空域
5月 1日	九州周辺の空域
5月29日	九州周辺の空域
6月20日	九州周辺の空域
7月 6日	東シナ海上空
7月 8日	九州周辺の空域
7月30日	九州周辺の空域
8月 8日	九州周辺の空域
8月16日	東シナ海上空
8月22日	日本海側空域
8月31日	九州周辺空域
9月 9日	東シナ海上空
9月10日	九州周辺空域
10月10日	九州周辺空域
10月21日	九州周辺空域
11月 2日	九州周辺空域
12月 6日	九州周辺空域
12月12日	沖縄周辺空域
2018年1月22日	東シナ海上空

Ｆ15は、宮崎県新田原基地や沖縄・那覇基地から発進した。航空自衛隊幕僚監部「報道発表資料」は、「日米韓三か国の強固で緊密な連携の一環として、米空軍のＢ１Ｂ爆撃機２機は、韓国空軍との二国間共同訓練に引き継ぎ、航空自衛隊との共同訓練を実施した」(17年7月8日)とのコメントを出した。日米韓軍事一体化を「誇示」したものだ。

防衛省はまた17年8月、日本海で、核兵器搭載可能なＢ52Ｈ戦略爆撃機を護衛する訓練を強行し、２０１８年1月にもＢ52の護衛訓練をおこなった。「核兵器による攻撃も辞さない」という〝脅し〟である。この脅しに自衛隊が参戦したのである。

防衛省はこれらを、日米共同訓練と説明しているが、北朝鮮に対する軍事威嚇行動であることは明らかである。「武力による威嚇及び武力の行使」を「永久に放棄」した憲法9条に反する軍事行動である。自衛隊がこのような軍事威嚇行動に踏み出したことは、「戦争法」の危険性をあらためて示した。また、自衛隊が米軍と軍事的に一体化し、日米軍事同盟のもとで危険な行動に踏み出し始めた実態を浮き彫りにした。「災害で活躍する自衛隊」が「戦争で活躍する自衛隊」に大きく変身している。

「戦争法」発動の実態は、軍事威嚇行動という「一触即発」の危険な段階にある。この拡大で合意した「共同声明」はさらに危険な軍事行動に歩を進めるものだ。

◆中東の「IS打倒計画」への参戦要請

トランプ大統領は就任早々の2017年1月27日、「イラク、シリアのIS（イスラム国運動）を打倒する計画に関する覚書」と「米国軍隊の再建に関する覚書」の「大統領令」を発した。

トランプ大統領は、大統領選挙の「公約」の実現と言って、「Executive Order」や「Presidential Memorandum」という「大統領令」を連発した。その主要なものは、国際的な排外主義と好戦的な立場にたって、軍事的にも経済的にも「米国第一」を志向するものである。イラクやシリアで勢力を拡大する過激派組織IS打倒などの「大統領令」は、きわめて好戦的なものである。トランプ大統領はこの「大統領令」のなかで日本やNATO（北大西洋条約機構）などの同盟国をこの戦争に動員することを明記した。

「IS打倒計画」でトランプ大統領は、米国防総省に対し、30日以内に「打倒計画」を作成することを命令した。この命令にもとづいてマティス国防長官は、30日後の2月27日、その草案を国家安全保障会議（NSC）に提出した。国防総省のデービス報道官は記者会見で「計画草案は、より広範な議論を政府全体でおこなうための枠組みで、イラクとシリアにとどまらない地球規模の幅広い計画だ」とのべた。

2017年4月6日、トランプ政権は、シリアのアサド政権が化学兵器を使用したとして、シリアへの巡航ミサイル59発による先制攻撃を強行した。攻撃を受けたシリアのシャイラト基地でシリア兵6名が死亡した。この先制攻撃は、トランプ大統領と中国の習近平国家主席との会談のさなかに強行された。トランプ大統領は、「もし（中国が）協力しないなら、米国が中国なしで解決する。すべての選択肢がテーブルの上にある」とのべた。つまり、巡航ミサイルによる攻撃ばかりでなく、核兵器による攻撃も辞さない姿勢を鮮明にしたのである。

一方、安倍首相は4月7日、「化学兵器の拡散と使用は絶対許さないという米国政府の決意を日本政府は支持する」とのべた。化学兵器の使用は当然、人道と国際法に照らして絶対に許せない行為である。しかし、国連決議のないままの他国へのミサイル先制攻撃を「支持する」のは重大な問題である。

「大統領令」はまた、「ＩＳとの戦いにおける新しい連合パートナーとの一体化、ＩＳ及びその同調者と戦う連合パートナーに権限を委譲する政策」をＩＳ打倒計画に含めることを強調し、同盟国の動員体制を明記した。こうした合意は、これまでアメリカの戦争計画に一度も「ノー」といったことがない日本がＩＳとの戦争に参戦する危険を高めている。

◆「殴り込み戦略」の強化をめざす大統領令

「ＩＳ打倒計画」をすすめるためにトランプ大統領は、「米国軍隊の再建に関する覚書」を発し、米軍の「殴り込み」戦略の強化と核兵器の「前方展開」戦略に乗り出した。

この大統領令は、米軍再建の目標として「力による平和」をあげた。そして「米軍の再建を米国の政策とする。（中略）国防総省は、30日以内に米軍の即応態勢の見直しをおこなう」と明記した。

オバマ前政権は、アフガン・イラクの「2つの戦争」による戦費で財政赤字が深刻化し、国防費の大幅削減に踏み出した。その結果、米軍の「即応性」、つまり「殴り込み」能力が大幅に後退した。

米軍機や艦艇が予算の節約で、整備不良や兵員不足に陥った。その結果、墜落事故や衝突事故の増加、部品落下事故が頻発した。

米議会行政監査局（GAO＝General Accounting Office）は2017年10月、「軍事即応性」（Military Readiness）と題する報告書を発表し、整備能力の低下、訓練時間の不足、長時間労働を指摘し、米軍の戦闘能力が著しく低下している実態を明らかにした。GAOの一連の調査は、「専用の訓練がおこなわれず、艦船の戦闘証明書の37％が失効している」「169隻の海上戦闘艦のうち63％にあたる107隻が整備延長となり、作戦運航が合計6603日分喪失した」などと報告した。モーラン米海軍作戦部副部長は米下院軍事委員会で、「海軍保有の航空機の半分以上を飛ばすことができず、国防費増額の見通しも立たない中で、投入できる航空機の使用回数は限度まで来ている」（2017年2月7日）と証言した。その結果、整備不良などで事故が多発し、米海兵隊の航空機事故では、損害が100万ドル以上の「クラスA」事故が4・4％に跳ね上がったと報告した。

トランプ政権は、こうした問題を指摘しながら、「即応性」の強化が喫緊の課題とし、国防予算の大増額に踏み出した。2018年度は10％増額という異例の大増額で、19年度国防予算は6860億ドル（約74兆5000億円）、7・5％増額された。

トランプ政権の軍備拡張計画も異常だが、「即応態勢の見直し」という他国への軍事的な「殴り込み」を重視する戦略も異常極まりないものである。この「大統領令」にもとづいて「共同声明」の日米防衛ガイドラインの強化・拡大や自衛隊の役割の見直しが合意されたのだ。

◆核軍拡推進の新NPR

トランプ政権はまた、「米軍再建」のなかに核兵器の「前方展開」、核軍拡計画を盛り込み、「核態勢の見直し」（NPR＝Nuclear Posture Review）をおこなうことを明記した。NPRはもともと、アメリカの「核戦力態勢と核政策の指針」としてしめされてきたもので、新NPRは、2018年2月2日発表された。

今回のNPRは、「米国、同盟国および友好国の死活的利益を守るべき極限の状態においてのみ核兵器の使用を検討する。極限の状況には重大な非核戦略攻撃が含まれる」とした。つまり、通常兵器の攻撃に対しても核兵器を使用するという宣言である。これは、核兵器を保有しない国への核攻撃も辞さないという、これまでにない強硬な態度である。

しかも新NPRは、「非戦略兵器」の項で、日本を含む北東アジアに核兵器を配備・展開することを明らかにした。

「米国はこれらのほとんどすべてを撤去・解体してきた。（中略）それらの保有は、米国がいかなる敵に対しても、紛争拡大に対応する前方展開能力を保有しているという明確な抑止のシグナルとなる。必要ならば、米国は、北東アジアのような他の地域へも両用兵器及び核兵器を展開する能力をもつ」

1990年代、ブッシュ米政権は、「非戦略核兵器」いわゆる戦術核兵器の前方展開を中止した。艦船や爆撃機などに搭載した核兵器の撤去である。「核兵器の存在は否定も肯定もしない」という政策をもちながらも、核兵器は海外配備の艦船などに配備しないという約束である。ところが、今回のNPRは、核兵器の「前方展開戦略」の再開である。歴代米政権の核戦略方針の大転換といえる。

しかもこの方針は、日本へのアメリカの核持ち込みの危険を再燃させるものである、日米には沖縄返還時の「核密約」が存在する。有事の際、沖縄の「那覇、嘉手納、辺野古」へ核兵器を持ち込むことができるという「密約」である。いま辺野古弾薬庫は、新基地計画と一体として強化計画がすすんでいる。沖縄県議会は18年7月6日、日本が核兵器禁止条約を批准することを求めるとともに、沖縄への核持ち込みに反対する政府への意見書を採択した。

新NPRはまた、これまで開発・配備をおこなわないと決定したSLCM（海上発射型巡航ミサイル）の開発を開始する宣言をおこなった。また、B61核爆弾を改良し、B61―12という核・非核の両用型爆弾を開発し、2021年に配備する計画を明らかにした。この核爆弾は核・非核両用の能力を持つDCA（Dual Capable Aircraft）であるF35戦闘機に搭載する計画である。これも日本に持ち込まれる危険がある。

これまで非核保有国によって、軍事同盟の下で同盟国を「核の傘」にとりこむ「抑止力」戦略が採用されてきた。しかし、多くの国が「核の傘」からの脱出をめざし、2017年7月、世界122カ国が賛同し、史上初の「核兵器禁止条約」が国連で採択された。「核兵器のない世界」への大きな挑戦である。

今回のアメリカの新NPRは、この挑戦に背を向け、新たな核軍拡という逆の道を歩もうとしている。ふたたび世界規模の核軍拡競争を誘発する危険をもつものである。

ところがこの新NPRを「高く評価」（河野外務大臣）し、「核禁止条約」に背を向けたのが安倍内閣であった。安倍内閣は、日本が世界で唯一の被爆国でありながら、核軍拡を前提とする新NPRを「核抑止力を強化する」ものとして容認した。世界の多くの国が怒りを表明したのも当然であった。日本被爆者団体協議会（「被団協」）の木戸季市事務局長は、つぎのような談話を発表した。

「河野太郎外務大臣は、米国のNPRについて、即時に全面支持を表明した。私は耳を疑った。これが唯一の戦争被爆国の外務大臣の言葉と信じられるか。『核兵器のない世界への思いは共有している』と言いながら、その一方で禁止条約の交渉会議に参加せず、禁止条約に反対し、米国の核使用を容認する。日本の外務大臣として恥ずかしい限りである」

安倍内閣の態度は、この談話通り、核兵器廃絶を求める世界諸国民の声と核兵器禁止条約をすすめてきた国際世論に敵対するものである。

◆日英・日豪軍事訓練の強行

安倍内閣は、トランプ政権の世界戦略にもとづいて、イギリスやオーストラリアなどアメリカの最も頼りとする軍事同盟国との合同軍事訓練をはじめた。「戦争法」の発動による集団的自衛権行使の一環である。

防衛省は、米軍以外との訓練が禁止されている北富士演習場や宮城県の王城寺原演習場を使って、日英訓練を開始した。イギリス軍との合同演習は、陸上ばかりでなく、英国空軍（16年10月）、英国海軍（18年4月）と陸海空で実施された。

地球の裏側にあり、アメリカの軍事同盟の最も緊密な盟友である英国軍との訓練は、戦前の〝日・独・伊〟のように、自衛隊が世界を股にかけて戦争態勢を構築するための米・英・日の三国軍事同盟体制をめざしていることを示している。

2 沖縄・日本の米軍基地の植民地的な強化・拡大

「日米同盟」にもとづく米軍基地の問題は、どのような現状にあるのだろうか。それは、沖縄の辺野古新基地建設計画の強行をはじめ全国の米軍基地大増強など、日本をアメリカの属国とする事態がいっそう深化していることである。

日米安保条約は第6条で「全土基地方式」を定め、その6条を規律する日米地位協定は、日本に植民地的実態を強いている。沖縄でも、全国でも、その実態をしめす基地増強がすすんでいる。

沖縄では、「新しい基地は造らせない」という県民の民意に背いて、違法な建設工事が強行されている。米軍のための最新鋭の出撃基地を建設するため、日本の民主主義も、地方自治も無視した工事が強行されている。

稀代の欠陥機、海兵隊オスプレイの墜落事故は、日本国民や子どもたちの命まで顧みない米軍の横暴な訓練の実態を浮き彫りにした。オスプレイの全国展開と米軍機の低空飛行訓練は、国民に墜落の危険を絶えず突き付けている。

全国の米軍基地ではいま、アメリカの最新鋭兵器の配備による大増強が進行し、国民には爆音被害や事件・事故の危険を振りまいている。

こうした米軍基地の実態に、全国の都道府県の知事で構成する全国知事会は2018年7月27日、「憲政史上初めて」(謝花沖縄県副知事)、「日米地位協定を抜本的に見直し」を求める提言を採択し、安倍内閣に提出した。米軍の横暴に、地方自治体が〝悲鳴〟をあげたのだ。

なぜこのように事態が深刻化したのか。21世紀から開始された在日米軍基地の大増強の走りとなった「米軍再編」から紐解いていきたい。

① 在日米軍基地の出撃基地化を強化する「米軍再編」

新基地建設計画を筆頭にした在日米軍基地の大規模な増強計画が開始されたのは、ブッシュ政権がはじめた世界規模の「米軍再編」計画に端を発している。

２００３年11月、ブッシュ米政権は、大統領声明を発表し、「世界規模の軍事態勢見直し」（ＧＰＲ＝Global Posture Review）に着手した。冷戦後の海外基地の削減を含む米軍「前方展開」態勢の見直しである。ブッシュ大統領は、同盟諸国との協議を開始することを明らかにし、04年8月、「今後10年間で、6～7万人の兵力と約10万人の兵士の家族および文民を帰国させる」とのべた。

「米軍再編」は、ソ連崩壊から約10年後に開始されたが、ソ連への〝封じ込め戦略〟で肥大化した海外米軍基地を縮小し、再編・強化することを主眼におこなわれた。それは、膨大な戦費や国防費の削減を余儀なくされた米軍が、世界への「殴り込み」戦略の見直しを迫られたからにほかならない。

フェイス国防次官は、「大統領声明」を受けて、「基地・軍事態勢見直し」の5つの課題を明らかにした。

①同盟国の役割の強化をすすめる
②不確実性に対処する柔軟性の増強
③地域ごとの戦略から地球規模の戦略への転換
④即時展開能力の増強
⑤少ない兵力で大きな能力を展開させる

ラムズフェルド米国防長官は、この目標にもとづいて、「米軍再編」が「即時に展開可能で、完全に統合された軍隊、遠隔地に迅速に到達し、海・空兵力と協力して迅速に敵を攻撃し、壊滅的な結果を与えることができる軍隊を必要としている」（「21世紀の米軍の変革」）とのべた。つまり、「米軍再編」の目的は、アメリカの「なぐりこみ戦略」を遂行するため、新たな米軍基地態勢を再編・強化することであった。

◆基地「増強」となった日本での「米軍再編」

日本では、このブッシュ戦略にもとづいて、在日米軍基地の「再編」計画が合意された。

２００５年10月29日、日米両政府は、日米安全保障協議委員会を開き、「日米同盟：未来のための変革と再編」〈１７４ジペー〈資料１〉参照〉と題する計画に合意した。これは「中間報告」とされたが、実態はきわめて包括的な再編計画であった。つづいて06年５月１日、「２＋２」は「最終報告」として、「再編実施のための日米ロードマップ」で合意し、これにもとづいた再編計画の具体化がすすめられた。

その大要は、辺野古新基地建設計画の強行をはじめ在日米軍基地全体の大増強計画であった。

①沖縄の海兵隊の軍事態勢を再編し、普天間基地の返還と名護市辺野古への代替基地の建設をおこなう。
②沖縄海兵隊の一部をグアムに移駐し、日本政府の負担であらたな基地を建設する。
③厚木海軍基地から米空母艦載機部隊を、岩国米軍基地に移駐する。
④米第一軍団前方司令部（ワシントン州フォートルイス）をキャンプ座間に移駐し、米陸軍司令部の「前方展開」能力を強化する。
⑤横田米軍基地に航空自衛隊航空総隊を移駐し、日米共同使用基地とする。
⑥嘉手納基地以南の米軍基地を部分返還する。
⑦嘉手納、三沢、岩国の戦闘機部隊の訓練の一部を、千歳、三沢、百里、小松、築城、新田原の自衛隊基地に移転する。
⑧これらの施設整備に要する建設費その他の費用は、「明示されない限り」日本国政府が負担す

る

この「在日米軍基地再編計画」は、ヨーロッパでの「米軍再編計画」とは大きな違いがあった。欧州の計画が、冷戦後の軍事態勢を反映して大幅な米軍兵力の削減がおこなわれたのに対し、日本の計画は基地の削減を伴わないばかりか〝増強一辺倒〟の計画であった。

世界最大の米軍受け入れ国であったドイツでは、25万の米軍兵力が5万に劇的に削減された。また、イタリアなどアメリカの同盟国でも同様の削減計画がすすめられた。

しかし、日本での「米軍再編」は、「負担軽減」といいながら、削減計画は「絵に描いた餅」で、実質的な削減はまったくなかった。普天間基地も「全面返還」と発表されたが、実際は、沖縄北部の名護市辺野古への「移設」計画であった。合意された「嘉手納以南返還計画」も、「削減計画」ではなく「統合計画」、つまり、北部地域への大規模な移設と基地の統合をめざすものであった。これは、小泉内閣をはじめ歴代自民党政権が、アメリカの要求に唯々諾々と従い、米軍基地をつぎつぎと受け入れてきた結果であった。日本の米軍基地が日米安保条約のもとでいかに従属状態、〝アメリカいいなり〟の状態にあるかを示す典型的な実例である。

◆沖縄海兵隊の「殴り込み」能力の強化

「在日米軍再編」の中心は、沖縄海兵隊の再編・強化である。日米合意「未来のための変革と再編」は冒頭、「柔軟な危機対応のための地域における米海兵隊の再編」という章立てをおこない、「(日米)双方は、米海兵隊兵力のプレゼンスが提供する緊急事態への迅速な対処能力は、双方が地域に維持することを望む、決定的に重要な同盟の能力である」と明記した。

米海兵隊は、アメリカのなかで米原子力空母と並ぶ「力の象徴」である。また、あらゆる世界の紛争に出撃する「殴り込み部隊」である。この「殴り込み」能力を、日本政府が「緊急事態への迅速な対処能力」として認め、「決定的に重要な同盟の能力」と位置づけたのである。これはいままではまったく見られなかった危険極まりない取り決めである。

米海兵隊も原子力空母の母港も、世界で日本にだけしか「前方配備」されていない。これを「決定的に重要な同盟の能力」としたことで、海軍と海兵隊の巨大な基地とその出撃態勢が恒久化することになった。同時に、この合意は、小泉内閣が、アメリカの戦略にもとづき、「在日米軍基地再編」を米軍の「殴り込み戦略」として位置づけ、これを基調とした基地増強を受け入れることを意味した。

この結果、2009年、横須賀基地に原子力空母が配備され、その母港となった。配備当時の横須賀市長が「原子力空母は受け入れない」と拒否していたのに日本政府が強引に配備を強行したのである。そもそも1972年、横須賀が米空母の母港とされたとき、日本政府は「配備は向こう3年」と説明してきた。しかし、この約束破りにつづいて、原子力空母の母港として恒久化することになったのである。

沖縄と全国の海兵隊基地も、「殴り込み」能力を一段と強めた。長崎県の佐世保米軍基地が強襲揚陸艦の母港として強化された。強襲揚陸艦は、海兵隊が他国への軍事侵攻、つまり「殴りこみ」を敢行するための母艦である。佐世保基地は現在4隻の強襲揚陸艦の母港である。海兵隊は現在、沖縄に地上部隊を中心に1万5365名、山口県岩国基地に航空部隊2200名を配備している（2018年2月末現在）。これらの海兵隊は、日本を拠点に、アフガンやイラク戦争に出撃をくりかえしている。日本がアメリカの戦争の出撃拠点として強化されている。海兵隊は、この日米合意によってすさまじい強化が進められることになった。

◆辺野古新基地は巨大な出撃基地の建設

海兵隊基地の増強計画の最たるものは、辺野古新基地建設計画の推進と海兵隊のグアム移転である。

新基地計画は、１９９６年12月、モンデール駐日大使と橋本龍太郎首相が合意した「ＳＡＣＯ（沖縄に関する特別行動委員会）最終合意」による普天間飛行場返還の代替基地の建設である。すでに20年以上が経過したが、新基地建設は沖縄県民のねばり強いたたかいの前に代替基地計画が次々と頓挫し、辺野古移設計画は行き詰まっていた。

日米両政府は、この打開策として、「キャンプ・シュワブの海岸線の区域とこれに近接する大浦湾の水域を結ぶＬ字型に普天間代替施設を設置する」とし、埋め立てによる新基地を建設することで合意した。ＳＡＣＯ合意時は、「撤去可能なヘリ基地の建設」であったが、キャンプ・シュワブの陸上部分と大規模な埋め立てによる海上部分の本格的な巨大恒久基地の建設となった。

この計画は、埋め立て１６０㌶、陸上部分45㌶で合計２０５㌶、東京ドームが約44個も入る巨大基地の建設である。１９９７年、米国防総省が作成した「日本国沖縄における普天間海兵隊航空基地の移設のための国防総省の運用条件及び運用構想」によれば、「海上施設およびすべての関連構造物は40年の運用年数と２００年の耐用年数を持つようにする」とはっきりと明記されている。21世紀どころか、23世紀までもつような基地を造れという要求である。

しかもその基地は、１８００㍍級の２本のＶ字型滑走路と「格納庫、整備施設、燃料補給用の桟橋及び関連施設、並びに新たな施設の運用上必要なその他の航空支援活動」（日米合意）とされた。

現在の普天間基地には、1本の滑走路しかない。また、海に面していないので桟橋や埠頭などもない。住宅地のど真ん中にあるので弾薬庫も置けない。しかし、新基地には、これらすべてが揃うことになる。２本の滑走路で同時に2機～４機が出撃できることになる。計画されている埠頭は長さ２７１㍍以上、強襲揚陸艦が寄港・停泊できる。陸上部分には、核兵器貯蔵庫であった辺野古弾薬庫が存在し、滑走路上には弾薬装着場が建設される。

現在、海兵隊は出撃の際、揚陸艦が長崎県の佐世保から沖縄のホワイトビーチに移動し、普天間などからオスプレイや海兵隊員を乗せて出港する。これが新基地によって、すべて一か所で賄えることになる。これは新基地計画が、単に普天間の「移設」にとどまらない最新鋭の基地、海兵隊の新たな出撃基地建設であることを物語っている。

日米両政府は、辺野古「移設」が「負担軽減」だと言うが、一体どこが「負担軽減」なのであろうか。これは、県民の負担を拡大する巨大出撃基地の建設以外のなにものでもない。

多くの県民は、これ以上の基地増強に反対し、普天間基地の「県内移設」には反対の立場を表明した。一時は、自民党沖縄県連合会まで「県外移設」を公約した。ところが日米両政府は、県民の声を無視してあらたな基地建設強行に突き進む合意をおこなったのである。

◆グアム移転計画の真実

海兵隊の再編で重要なのは、沖縄海兵隊のグアム移転である。日米両政府は、次の計画で合意した。

①　約8000名の第3海兵機動展開部隊（ⅢＭＥＦ）の要員とその家族約9000名を2014年までにグアムに移転する。

②　移転する部隊は、ⅢＭＥＦの指揮部隊、第3海兵師団司令部、第3海兵後方群司令部、第1海兵航空団司令部など司令部機構である。

③　日本政府はグアム移転のための費用として、総額102・7億ドルのうちの60・9億ドルを負担する。

日米両政府は2009年2月、合意された内容の「グアム移転協定」を締結した。歴代自民党政権は、この協定について「沖縄県を含む地域社会の負担を軽減し、もって安全保障上の同盟関係に対する国民の支持を高める基礎を提供するものである」とし、沖縄の「負担軽減」であると大々的に喧伝した。

しかし、この計画は、財源をめぐる米議会の反対や地元グアムの住民チャモロの人々の反対の中で「改正」を余儀なくされた。2014年5月には「改正議定書」が調印され、次のように計画変更された。

①要員約9000名（司令部＋実働部隊）とその家族が日本国外に移転。沖縄から約4000名がグアムに移転する。
②グアム及び北マリアナ諸島連邦に自衛隊との共同使用の訓練場を建設する。
③総額は86億ドル、日本側は上限28億ドルとする。
④沖縄からの移転は、2020年代の前半から開始する。

司令部の移駐だけでなく、実働部隊の移駐もともなう大幅な計画変更である。移転計画はすでに2009年から開始され、アンダーセン空軍基地の下士官用隊舎や司令部庁舎、南アンダーセンの地区訓練場などに1094億円が投入された。これらは米側にすべて資金提供の形で提供されている。北マリアナのテニアンには、約12億円をかけて訓練場が建設された。しかし、「2020年代の前半」までに沖縄からの海兵隊のグアム移転が実現できるのか、先行きはきわめて不透明である。

しかも、グアム移転費用の約60％は日本負担である。「他国の基地増強になぜ日本国民の税金が必要なのか」、国民の率直な疑問が提起されたが、日本政府は「アメリカ海兵隊は日本防衛に携わっており、グアム移転もその一部である」などという苦しい言い訳に終始した。

海兵隊のグアム移転計画が、実際は、アメリカのグアム基地増強に日本が資金を提供した一方で、沖縄の「負担軽減」がすすむことはなかったという状況にならないよう注視することが求められる。

◆岩国基地への空母艦載機部隊の移駐

日米合意のもうひとつの重大問題は、空母艦載機部隊の厚木基地（神奈川県）から岩国基地（山口県）への移駐計画である。

厚木米軍基地はこれまで、空母艦載機部隊の第5航空団の出撃基地であった。昼夜を問わない激しい空母離着陸訓練（FCLP）で、周辺住民は爆音被害に苦しめられてきた。とくに空母艦載機による「夜間離発着訓練」（ＮＬＰ）は、午後11時過ぎという深夜まで激しい訓練が繰り広げられ、「静かな夜を返して」という住民の痛切な願いが寄せられていた。日本政府は、このＮＬＰ訓練移転のため、硫黄島に訓練基地を建設し、訓練移転をおこなってきたが、今回の再編計画で、これを岩国基地に移駐することで合意した。

沖縄海兵隊・第一海兵航空団の出撃基地である岩国基地も、厚木基地同様、海兵隊戦闘機の激しい訓練による爆音被害に苦しめられてきた。多くの市民から「爆音被害の解消」のため滑走路を約１キロ沖合に移転する「沖合移転事業」の要望が出され、沖合移転が実現した。約２５００メートルの滑走路が新設され、基地は約１・４倍に拡大した。既設の滑走路も誘導路として組み込まれた。

この岩国基地に突然、艦載機が移転するという計画がもたらされたのである。この計画を突然知らされた市民は、「政府に騙された」との悲痛な声をあげた。「爆音被害の解消」を理由に、沖合移転が実現したのに、その新しい基地に巨大な部隊が移駐するからであった。

今回の合意は、すでに海兵隊戦闘機ＦＡ18攻撃機34機を擁する岩国基地に、厚木基地の艦載機約57機を移駐させるもので、岩国基地の所属機は約１３０機以上、アジア最大の米軍戦闘機基地として変貌することになった。

この移駐計画は、厚木基地の爆音被害の解消が中心的な目的とされたが、実際はそうではない。アメリカの軍事戦略、再編戦略にもとづくものであった。

米軍は、アフガン戦争やイラク戦争の泥沼化のなか、戦費負担による国防費の削減や節約を求められた。そこで計画されたのが、海兵隊戦闘機と海軍艦載機を統合する計画である。つまり、海兵隊戦闘機も空母艦載機として空母に搭載するという計画である。これは「ＴＡＣＡＩＲ」（戦術戦闘機統合計画）と呼ばれ、その具体化としておこなわれたのが今回の艦載機移転計画であった。爆音被害に苦しむ日本国民の悲痛な声を無視した、軍事優先の再編計画の結果であった。

◆岩国「移駐」反対の住民投票

岩国基地の「移駐」計画に対し、岩国市民は住民投票で市民の意思を表明するたたかいを展開した。井原勝介岩国市長は、２００６年2月7日、すでに策定されていた「岩国市住民投票条例」にもとづき「空母艦載機岩国移駐案の受け入れの可否について」とする住民投票の「発議」をおこなった。井原市長は「発議書」のなかで、「今回の移駐案は、『今以上の基地機能の強化は容認できない』という従来の基本方針に反し容認できないと考える」とし、住民の判断を求めた。

住民グループは、「住民投票を成功させる会」や「米空母艦載機受け入れ反対に○をする会」「空母艦載機とＮＬＰ移転反対の市民の会」などをつぎつぎと立ち上げ、草の根からの運動を展開した。市当局による説明会や住民団体の学習会が繰り返され、人口約7万の小さな町は大きく揺れた。

これに対し小泉内閣は、「基地問題は国の専権事項」とし、「住民投票をしてもムダ」との論調をくりかえした。また、自民党系の市議団を中心に「住民投票に反対する会」がつくられ、「市民はみんな反対なので住民投票は意味がない。市長のパフォーマンスだ」として投票ボコットを呼びかけた。井原市長や移駐反対の住民グループは、今回の住民投票は、「移駐の是非というより、市民の意思を尊重する、民主主義政治を実現するたたかい」とし、旺盛な宣伝活動を展開した。とくに、投票条例が「投票率50％以上」というハードルがあるため、住民団体は「移駐の是非を超えて、投票に行こう」という運動を提起した。

３月12日、住民投票は、投票率58・68％と50％を超えるとともに、「受け入れ反対」が87％、「反対」が有権者総数の51％をしめる結果となった。これは岩国市民の草の根からの民主主義の勝利であり、政府の「国の専権事項」という攻撃を打ち破る大勝利であった。小泉内閣と防衛省を追い詰める劇的な勝利であった。

◆住民のたたかいと米軍再編計画の行き詰まり

岩国での住民投票の勝利とともに、沖縄の辺野古《へのこ》新基地計画など、全国各地で多くの周辺住民が反対運動に立ち上がり、再編計画は大きな行き詰まりに直面した。

沖縄ではすでに辺野古計画をめぐって、名護市民の反対運動がすすめられていた。1996年のSACO合意による新基地計画で名護市民は、市民の意思を問うべきであるとして住民投票運動を展開した。名護市で賛否を問う住民投票条例が提案されたが、防衛庁の圧力の中、条例は、賛成、反対に加えて、「環境対策や経済効果が期待できるので賛成」「期待できないので反対」を加えて「4択方式」となった。防衛庁は、なりふり構わぬ介入で職員300名を送り込んで、賛成票の集約をはかった。「来なかったのは米軍だけ」と言われたように、政府、自民党、関連企業など総ぐるみで辺野古新基地推進が叫ばれた。市民は、「ヘリ基地反対協議会」を21団体で結成し、「新たな基地はいらない」という一致点での共同の運動を展開した。

その結果、名護市民は、権力むき出しの利益誘導をはね返して、反対が1万6254票（52％）を獲得し、賛成票1万4267票を抑えて勝利した。賛成票のうち「環境対策や経済効果が期待できるので賛成」が82％を占め、条件付きの賛成であった。この市民投票は、米軍基地の賛否を問うという点では、戦後の政治史上はじめての住民投票であり、その勝利は、「基地のない沖縄」という県民の心を代表するものであった。

この勝利にもかかわらず、当時の比嘉哲也名護市長は、新基地建設受け入れを表明し、辞任した。しかしながら、20年後の今日でも、反対運動がねばり強くたたかわれている。

全国第2位の基地県、神奈川でも2006年11月、「住民投票条例制定請求運動」がおこなわれた。原子力空母配備の是非を問うものである。

米海軍は、横須賀基地の空母母港に、従来の通常型空母から原子力空母に配備替えをおこなうことを発表した。通常型空母「ジョージ・ワシントン」が大幅な修理が必要となり、退役も余儀なくされるなか、残りは原子力空母しかなくなったからであった。しかし、住民は、原子炉2基をもつ原子力空母の母港は「反対」との声を上げ、「原子力空母母港化反対」の一点での住民投票を求めたのである。

この運動では、条例の制定に「賛成」の市民が4万1000人を超え、「軍都」横須賀で直接請求に必要な数の約6倍の人々が原子力空母の配備を問うべきだとしたのである。この署名運動は、2008年3月にもおこなわれたが、いずれも市議会で否決された。

こうした全国的な住民による反対運動のなかで、日米両政府は計画の大きな変更を余儀なくされた。辺野古新基地建設計画は、2005年の「ロードマップ」で、2014年に完成予定とされたが、2011年6月21日の「2＋2」では、「2014年には達成されないことに留意し」「2014年より後のできる限り早い時期に完了させるとのコミットメントを確認した」と「修正」に追い込まれた。また、ブッシュ政権は、グアム移転や嘉手納以南の基地返還計画と辺野古新基地は「すべての計画が統一的なパッケージ」として、基地再編がすすまなければ兵力削減や基地返還は実現しないという、いわば〝脅し〟の対策をとっていたが、こうした対応をもやめた。

◆「思いやり予算」と「米軍再編関係費」による国民の負担拡大

今回の再編計画では、これらがすべてアメリカの計画、米軍の再編計画でありながら、日本政府の負担が著しく増大した。それは、小泉内閣が2005年の「ロードマップ」で、「(再編経費は)明示されない限り、日本国政府の負担とする」という〝アメリカいいなり〟の合意をしたからにほかならない。財政面でも、「負担軽減」どころか、「負担拡大」である。その結果、移設計画も含め、「米軍再編」のほとんどが日本政府の負担、つまり国民の税金でまかなわれることになった。

辺野古新基地計画は、沖縄県の試算では、埋め立て計画も含め約2・5兆円という膨大な負担となる。

岩国基地の「移駐」計画には、すでに4000億円以上が投入された。これらはすべて米軍の出撃基地強化計画である。アメリカの戦争準備のための基地増強費用をなぜ日本国民の税金で負担しなければならないのか、多くの国民から疑念の声が出されている。

また、海兵隊のグアム移転でも日本政府は86億ドル、約4000億円近い負担を強いられている。日本政府は、「海兵隊はグアムへ移転しても「日本防衛」に携わっている」という、訳の分からない論理でこの負担を認めた。なぜアメリカの領土であるグアムに米軍基地建設のための資金を日本国民が負担しなければならないのか。

日本政府はこれまで在日米軍駐留にかかる膨大な経費を負担してきた。2018年度の駐留経費総額は、7612億円とアメリカの軍事同盟諸国のなかでは世界一の負担である。もっとも米軍を受け入れているドイツの4倍、韓国の6倍である。

なかでも日本の米軍「思いやり予算」は、日米地位協定に義務づけられていないにもかかわらず拡大の一途を遂げてきた。2000年には2755億円の最高額を記録した。国民の福祉・医療の予算が削減される中、「米軍にばかりなぜ思いやる必要があるのか」と国民の批判

■「思いやり予算」と「SACO関係経費」、「米軍再編関係費」の推移（当初予算ベース）

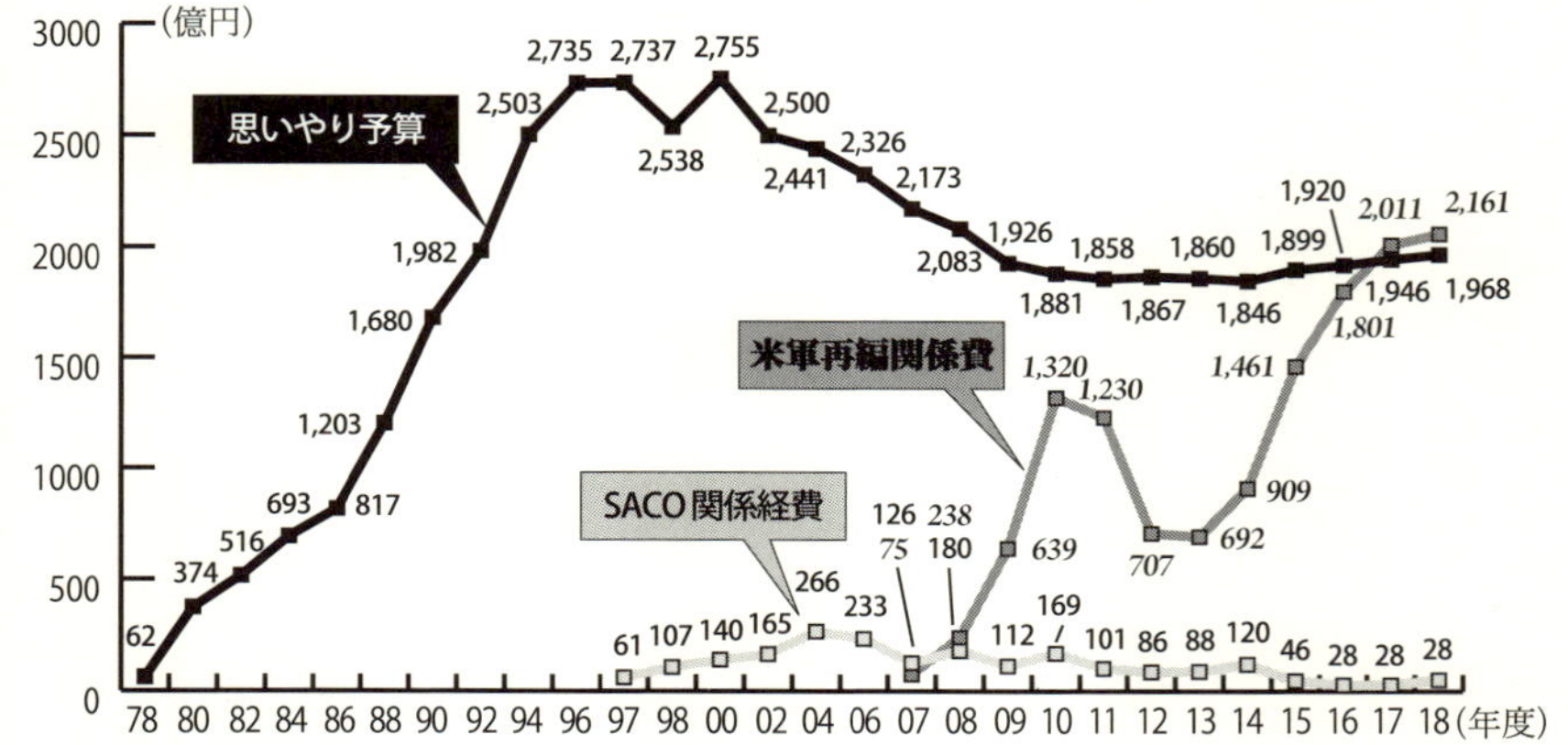

資料：2018年「防衛省予算」より作成

が集中した。麻生内閣と防衛省は、こうした国民の批判を回避するため、２００７年度、「思いやり予算」のうち米軍基地の新設・移設にかかる予算を「米軍再編経費」として計上替えした。これによって「米軍再編経費」はうなぎのぼりに上昇し、07年１２６億円だった予算は、18年度２１６１億円、なんと17倍となった。「思いやり」予算も18年度１９６８億円となり、これらは合計４２６０億円、いわゆる「思いやり」予算の過去最高額を記録することになった。「思いやり」予算が総額として、大増強されたのだ。麻生内閣のゴマカシが功を奏した形となった。これによって米軍は、「思いやり予算」でも、再編計画でも、湯水のように日本国民の税金を使い、その増額を可能にしたのである。これが〝アメリカいいなり〟でなくて何と言うのだろうか。

②「基地のない沖縄」をめざす県民のたたかい

「日米同盟強化」のための米軍基地増強が、植民地的実態を深化する方向ですすんでいることは、沖縄の新基地計画の強行、オスプレイの強行配備と墜落事故、異常な爆音被害に現れている。沖縄の実態を知ることは、「日米同盟強化」の行きつく先を理解するうえで不可欠である。

◆憲法も安保も踏みにじる新基地建設の強行

辺野古への新基地建設計画はいま、アメリカの意を汲んだ安倍内閣によって、憲法に明記された民主主義も地方自治も無視した形で、あらゆる点で無法・違法な建設工事が強行されている。

２０１０年１月、名護市辺野古への普天間代替基地の建設計画を最大の争点にして名護市長選挙がたたかわれた。新基地反対を訴える元名護市教育長の稲嶺進市長と現職の島袋吉和市長との一騎打ちの選挙であった。「辺野古の海に陸にも新しい基地は造らせない」とした稲嶺候補は、１万７９５０票（52・31％）を獲得して、島袋氏に１５８８票の差をつけて勝利した。「辺野古の新基地は許さない」という市民の勝利であった。地元紙は、「日米両政府とも前政権が合意した名護市辺野古への移設計画をゴリ押しできない」との「社説」を掲げた（「沖縄タイムス」）。

この選挙は、文字通り保守・革新の垣根を越えて「新基地建設反対」で一致した人々の本格的な共同の一歩となった。この選挙に向けて、革新系予定候補者が稲嶺氏と「覚書」を結び、新基地反対の稲嶺氏で一本化する合意もおこなわれた。

名護市長選挙の結果は、全国に大きな反響を呼び起こした。朝日新聞は、「市長選挙で敗れたのは島袋氏だけではない。最大の敗者は戦後日本の基地政策そのものである。安保体制を支えてきた構造を見直さない限り基地問題の解決はない」（２０１０年１月25日付）と指摘した。

２０１２年９月９日、沖縄読谷村の運動場で、「オスプレイ配備に反対する沖縄県民大会」が開かれ、日米両政府によるＭＶ22オスプレイの普天間配備強行に抗議して10万人余の県民が怒りの声をあげた。猛暑の中、県民は「欠陥機オスプレイはいらない」「オスプレイを沖縄におしつけるな」など、思い思いのプラスターやゼッケンをつけて参加した。子どもたちやお年寄りなど家族ぐるみの集会であった。デモが会場から出るまで1時間以上を要する大規模な集会・デモンストレーションであった。

こうした県民の怒りと要求にもかかわらず野田民主党政権は、「安全宣言」を理由に、岩国基地に陸揚げされたオスプレイを普天間基地へ配備する計画になんらの異議をはさまなかった。そして10月

MV-22 オスプレイの外観と大きさ

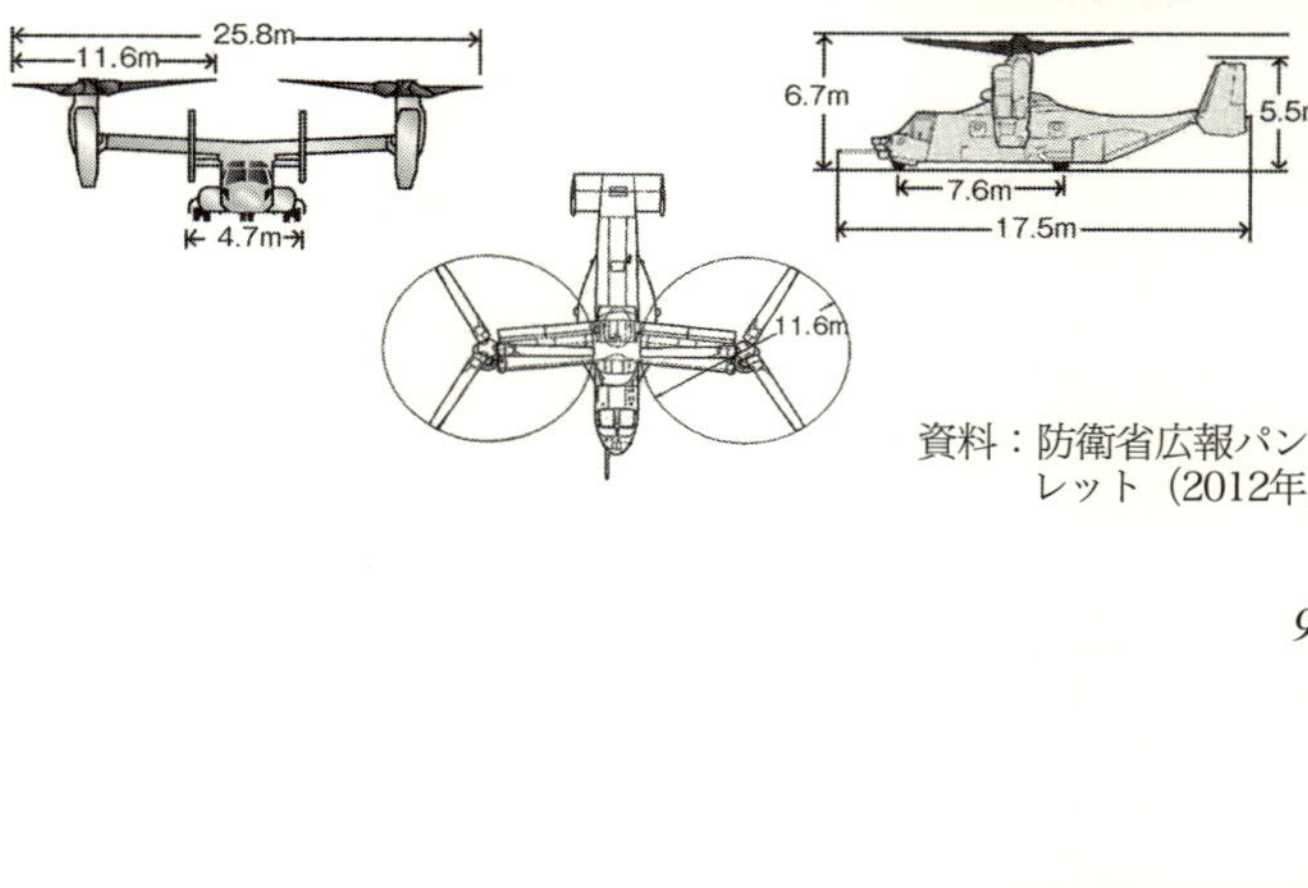

資料：防衛省広報パンフレット（2012年）

1日、第一次配備としてオスプレイ12機の普天間配備を強行した。2013年1月28日、「県民大会」実行委員会は、大会決議にもとづいて、沖縄41市町村長全員が署名した「建白書」を携えて上京し、民主党政権から政権を奪還した安倍晋三首相に提出した。

「建白書」は、欠陥機オスプレイの配備強行に激しく抗議し、「この復帰40年目の沖縄で、米軍はいまだ占領地であるがごとく傍若無人に振舞っている。国民主権国家日本の在り方が問われている」とし、つぎの点を要求した。

1、オスプレイの配備を直ちに撤回すること。及び今年7月までに配備されようとしている12機の配備を中止すること。また、嘉手納基地への特殊作戦用垂直離着陸輸送機CV22オスプレイの配備計画を直ちに撤回すること。

2、米軍普天間基地を閉鎖・撤去し、県内移設を断念すること。

「辺野古新基地建設反対」が「オール沖縄」となり、反対運動は大きな高揚をみせることになった。

◆安倍内閣による工事強行の暴挙

安倍政権は、沖縄県民の民意と「建白書」に示された県民の総意に反し、辺野古新基地建設計画の推進に本格的に乗り出した。

まず、はじめに着手したのが、普天間基地の「県外移設」をかかげる自民党沖縄県連とのねじれの解消であった。石破自民党幹事長は、自民党沖縄選出の国会議員や自民党県連を党本部に呼びつけ、県連の「県外移設」方針の撤回を迫った。沖縄1区選出の自民党、国場幸之助衆院議員は、2012年の総選挙で、「県外移設」を県民に公約して当選した。国場議員は、「最後まで県外移設を取り下げず、『固定化のためのあらゆる解決策を追求する』という内容で合意し、『普天間基地の5年以内の運用停止』といったその後の負担軽減の流れをつくった」(『月刊日本』2015年2月)とのべていた。

ところが、11月25日、石破幹事長が自民党本部でおこなった記者会見で、県選出の国会議員がそろって出席し、石破幹事長の後ろでうなだれ、屈服した姿をさらけ出した。県民の多くは「怒りを通り越して悲しくなる」「平成の琉球処分だ。辺野古を認めた5人組」と唖然とするばかりであった。沖縄の自民党はこの公約違反の裏切りによって県民から完全に見放された。

自民党による「公約違反」を上塗りするかのように、仲井真知事は12月27日、辺野古埋め立て計画の承認という、「公約違反」、県民への裏切りをおこなった。仲井真知事は、2010年の県知事選挙で、「県外移設」「日米合意の見直し」をかかげて、伊波洋一氏との激戦を制して知事の再選を果たした。その後の県議会においても、民主党政権や安倍内閣の「辺野古移設」一辺倒の対応について、「辺野古移設は、思考停止に陥っている」とか「無能だ」との非難をくりかえしてきたが、安倍内閣の圧力に屈して県民を裏切った。

仲井真知事は12月17日、病気の療養とか精密検査と称して上京し、車いすで都内の病院に入院した。ところが25日には、車いすも使わず安倍首相と突然会談し、「承認、不承認を2日以内に決めたい」とのべた。2日後の27日記者会見し、安倍内閣が約束した3500億円という沖縄振興策を高く評価し、「良い正月を迎えられる」というセリフまで残して沖縄防衛局が提出した埋め立て申請を承認した。

◆「オール沖縄」の大きな前進

安倍内閣と自民党本部による「恫喝と圧力」、そして仲井真知事の公約違反・裏切りに多くの県民が怒りを集中させた。この怒りは、2014年の名護市長選挙とそれにつづく沖縄県知事選挙、そして総選挙へと引き継がれた。

名護市長選挙は、稲嶺市長と末松文信県議会議員（名護市選出）との一騎打ちでたたかわれ、稲嶺市長が4155票差で圧勝した。これは沖縄県民の声に耳を貸さず、暴走政治で民主主義を踏みにじ

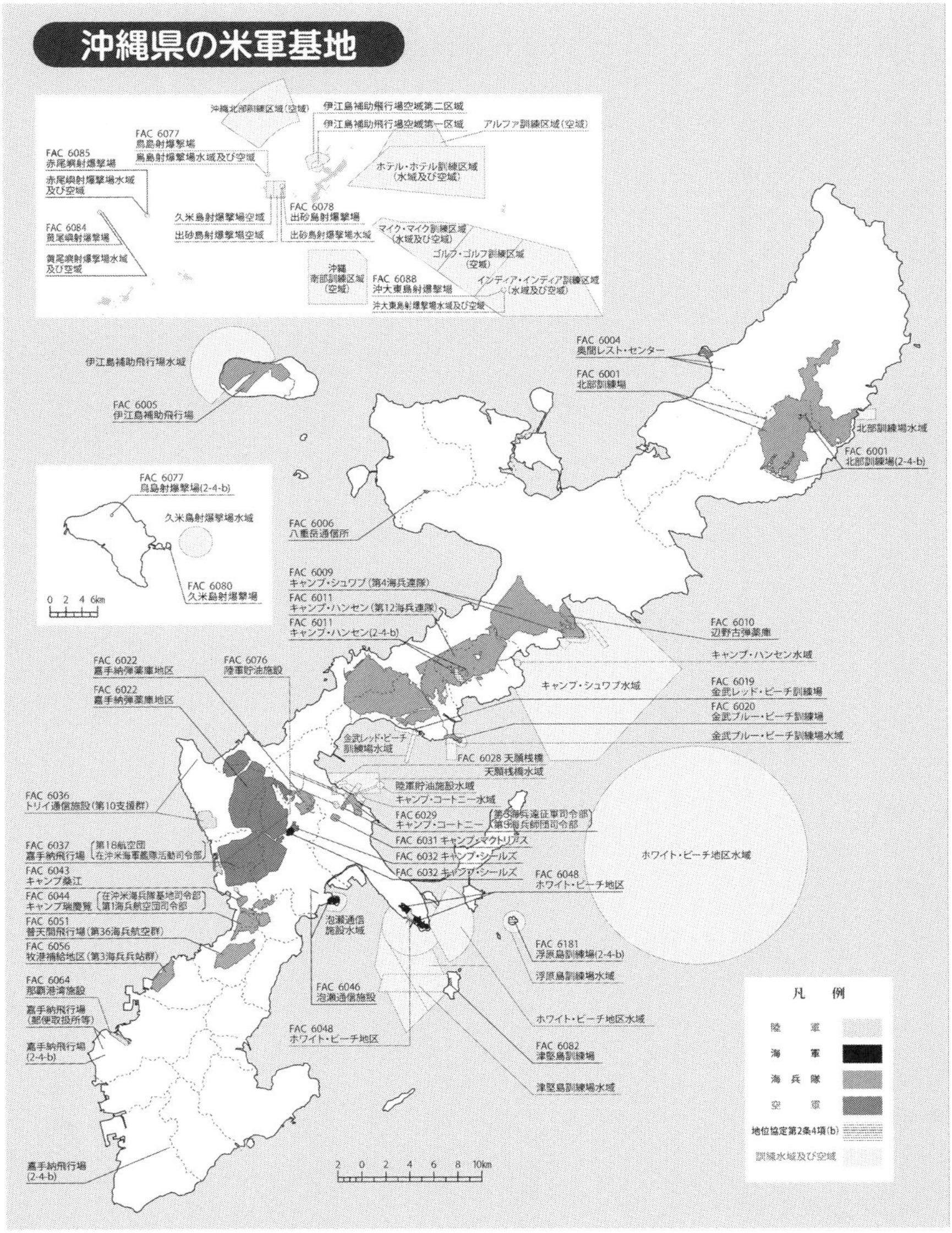

資料：「沖縄から伝えたい米軍基地の話」沖縄県発行

る安倍内閣に対する名護市民の審判であった。この市長選挙の最中の世論調査では、「辺野古移設反対」は84％、「辺野古移設」はわずか９・０％に過ぎなかった。これに対し自民党は、石破幹事長が「５００億円の名護基金」など〝アメとムチ〟や〝恫喝と懐柔〟を使った選挙戦を展開したが、市民の願いとは大きくかけ離れたものであった。

名護市長選挙の勝利は、辺野古新基地反対運動と「オール沖縄」のたたかいに大きな弾みをつけた。つづいて９月７日おこなわれた名護市議選挙では、稲嶺市政の与党が定数27のなか14議席を獲得した。野党は11議席にとどまり、公明党が２議席を確保した。これは明確に新基地反対の民意の勝利である。

２０１４年11月16日投開票となった県知事選挙は、仲井真知事、下地幹郎（政党そうぞう前代表）、喜納昌吉（前民主党沖縄県連代表）、翁長雄志（前那覇市長）でたたかわれ、「オール沖縄」の翁長氏が仲井真前知事に10万票の大差をつけて圧勝した。同時におこなわれた那覇市長選挙では、城間幹子候補が自民・公明候補にダブルスコアで勝利した。

つづいて12月おこなわれた衆院選挙でも「オール沖縄」候補が４区全区で当選し、自・公候補は小選挙区のすべてで議席を失った。「オール沖縄」の画期的勝利であった。

一連の選挙で完敗した自民党の国場幸之助議員は、「なぜ自民党は、沖縄の小選挙区で全敗したのか」（『月刊日本』15年２月号）と題する論文で、①普天間問題に対する県民の怒り、②仲井真知事の裏切りの２つをあげ、「普天間問題の解決は、単なる基地の整理縮小という文脈ではなく、沖縄県民の尊厳にかかわる問題に拡大している以上、慎重かつ丁寧な対応が不可欠」と強調した。

「恫喝と圧力」、公約の「裏切り」で県民世論に背を向けた自民、公明党に県民の審判が下ったのである。この勝利によって、県民の民意が明確に示された。「オール沖縄」の県民運動が大きく前進した。14年７月27日には、「島ぐるみ」運動をすすめる人々が一堂に結集し、「沖縄『建白書』を実現し、未来を拓く島ぐるみ会議結成大会」を開き、２０００人を超える人が参加した。経済団体の参加もあり、あらたな島ぐるみの運動が展開された。

また、保守・革新の垣根を超えて、「しなやかで力強い共同」が大きく前進した。知事選挙では「平和・誇りある豊かさを！　ひやみかちうまんちゅの会」が結成され、会長に宮城篤実嘉手納前町長、選対本部長に金秀グループの呉屋守將会長、事務総長に元那覇市議会議長・安慶田光男氏が就任し、自民党の議員や経済界の代表などが肩を並べ、盤石の地盤が築かれた。

元自民党沖縄県連会長の仲里利信前衆院議員は、この「オール沖縄」の共同について、つぎのようにのべた。

「知事選挙につづいて衆院選挙の全選挙区で勝利したのは、『オール沖縄』が崩れていないことの象徴です。選挙ではさまざまな苦労もありましたが、それぞれが譲るところは譲って、いい選挙ができたと思います。今回は、社民も共産も自党名の看板を街頭から取り去り、応援演説でも自党の宣伝はせずに、オール沖縄の統一候補の応援に徹した。（中略）まさにみんなが『腹6分』で我慢しながら活動してくれた。下地幹郎も入って三つ巴になった沖縄1区での赤嶺当選は、『オール沖縄』の勝利の象徴です。この『オール沖縄』がこのまま定着し、沖縄を変えていくのか、それとも日本政府の強圧の中崩れていくのか、どちらしかありません」（「世界」15年臨時増刊号）

◆埋め立て承認の「撤回」に向けて

沖縄県民の民意が明確に示されたなかの2014年7月1日、安倍内閣・防衛省は、新基地の埋め立て・ボーリング工事に着手した。ちなみに、この日同時に強行されたのが集団的自衛権行使容認の閣議決定である。民意を無視した工事の強行である。つづいて2017年2月、安倍内閣は「本体工事に着手した」と発表した。

これらの工事強行は、計画が「粛々と」すすめられている「印象操作」に終始しているにすぎない。

県民をなんとかを「あきらめさせる」ことに熱中しているのである。稲嶺前名護市長は、「政府は本体工事に入ったと宣言しているが、アメリカへのポーズだ。本格的な工事に手を付けられないのが真相だ。後戻りできない話ではない」とのべている。つまり、安倍内閣・防衛省が計画に行き詰まり、展望がないために既成事実づくりに走っているにすぎないのである。

しかも、いま進められている工事のほとんどは違法工事である。そもそも工事着工にあたっては、沖縄県との協議が義務付けられていた。しかし、沖縄防衛局は、協議なしで工事を強行した。そればかりではない。サンゴ礁の岩礁を破壊しなければならないため「岩礁破砕許可」を県に求める必要があるのに、埋め立て地の漁業権がすでに消滅しているとの口実で工事を強行した。

サンゴ・環境の保護という点でも異常な工事がすすめられている。13年12月の仲井真知事による「埋め立て承認」でも、「環境保護対策などについて県と協議を行うこと」との「承認条件」があるにもかかわらず、まともな「協議」も行わず、サンゴを破壊して工事をすすめている。沖縄はサンゴが群生する島だが、新基地建設に伴う移植・移築サンゴは約7万群体以上にのぼり、保全措置が必要なのに、これを無視して工事を強行している。

これらの違法工事はただちにやめるべきである。

工事が強行されるなか、大浦湾の工事区域に活断層が走っていることが発見された。また、その周辺は軟弱地盤で、「N値ゼロ」というマヨネーズ状の地盤であることが明らかになった。これは杭を打つにしても自然に杭が入っていってしまうほどのもので、ここに構造物を建設するのは不可能である。しかし防衛省は、一部に軟弱地盤が見られるものの大勢には影響なしとしている。沖縄防衛局は、「ポセイドン」と呼ばれる地盤探査船で海底探査をしているが、これから得られた全体のデータを秘匿している。

これに加えて、新基地周辺の建造物の「高さ制限」問題も浮上した。米軍が飛行場などを建設する際の統一設計基準によれば、安全上、滑走路から半径2286㍍以内には45・72㍍以上の障害物がないことが明記されている。辺野古の標高は最大10㍍なので55・72㍍の障害物があってはならないとされている。ところが、辺野古周辺には国立沖縄高専をはじめ4つの建物がこの基準を超えている。送電線や鉄塔も13カ所確認された。米軍と防衛省は、「例外として運用面の調整で済ませる」としているが、それで安全が保てるのか、大きな疑問が浮上した。

翁長知事はこれらを根拠としてあげ、18年7月27日、仲井真前知事が承認した「埋め立て承認」を、「撤回」することを明らかにした。

◆翁長知事の死去と県知事選挙での「オール沖縄」圧勝

このようなか18年8月8日、翁長知事がすい臓がんで死去した。67歳の若い命であった。多くの県民は悲しみに打ち沈んだ。

8月11日、病床でなくなるまで命を懸けてたたかい続けてきた故・翁長知事の志を受け継ぎ、新基地断念の声を上げようと「土砂投入を許さない！ジュゴン・サンゴを守り、辺野古基地断念を求める8・11県民大会」が、那覇市の奥武山公園陸上競技場で開かれた。台風来襲前の雨のなか、県内外から7万人が結集し、「翁長知事の遺志を受け継ぎ、新基地は造らせない」の声をあげた。

東京でも、首都圏大会が開かれた。

翁長知事の次男、雄治氏は翁長氏の「遺言」と

沖縄県知事選の主な候補者と勝敗

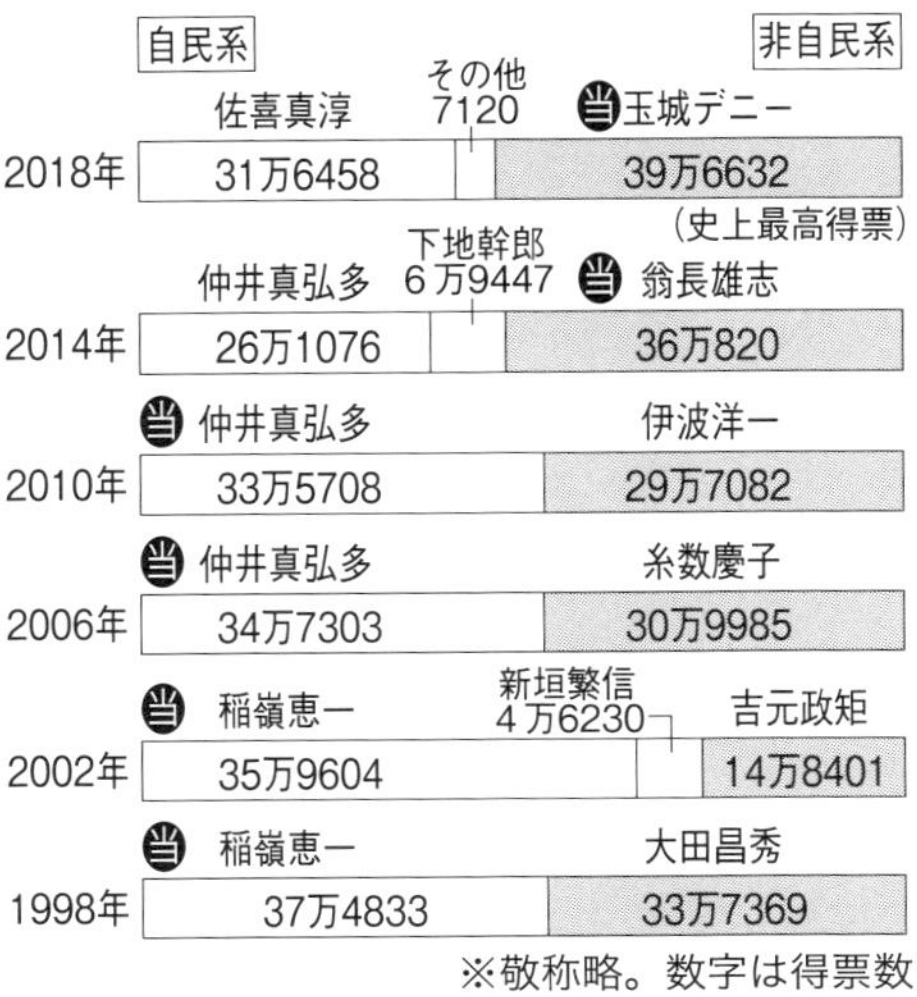

資料：「読売」2018年10月1日付を補完して作成

して、つぎのように発言した。

「沖縄は試練の連続だった。しかし、一度もウチナーンチュ（沖縄県民）の誇りを捨てることなくたたかってきた。ウチナーンチュが心ひとつにしてたたかうときには、お前が想像するより、はるかに大きな力になる」

「沖縄に、辺野古に、新基地をつくる。どれほど大義名分があるのか。全国に置いておけないから沖縄に置けばいい。今、われわれが納得できないものを将来の子どもたちに、残してしまう」

沖縄県当局は、翁長知事の死去にもかかわらず、「撤回」決定までの手続きをすすめることを明らかにした。翁長知事に代わる知事選挙は、9月13日告示、30日投票となった。

2018年9月30日投開票された沖縄県知事選挙は、翁長前知事の遺志を受け継ぎ、辺野古新基地反対を掲げる玉城デニー氏が、前宜野湾市長の佐喜眞淳候補に8万票余りの差をつけて圧勝した。ねばり強いたたかいをくり広げてきた県民の大勝利であると同時に、命がけで埋め立て承認の「撤回」を表明して、新基地建設反対を貫いた翁長前知事の遺志がしっかり受け継がれた瞬間であった。

埋め立て承認の「撤回」は、選挙中における県民の世論調査でも7割の県民が支持した（「琉球新報」9月19日付）。「強く支持する」が56・8％、「どちらといえば支持する」12・5％を合わせて69・3％であった。これに対し、「支持しない」は2割弱であった。

安倍内閣と自民・公明党は選挙中、「対立から対話へ」と訴えたが、県民世論は明確に新基地計画の「撤回」であり、これに従うべきである。いたずらに「対立」を煽らず、知事選挙で示された県民の民意に従うべきである。

翁長知事は周知のように、元那覇市長、自民党沖縄県連幹事長を歴任した優れた政治家であった。みずから保守政治家と称して、日米安保条約を「支持する」ことを公言してきた。その政治家が命を懸けてみずからの公約である「撤回」をおこなったのである。その信念を貫いた。これが多くの県民の支持を集めた理由である。

玉城デニー氏は就任会見で、「デニー知事と呼んで」と言い、「翁長知事の遺志をしっかり受け継ぎ、新基地の阻止に向け、全身全霊で取り組みたい」と発言した。また、民意の背景に「対話の窓口を日本政府と米国に求めることも始める必要がある」述べた。新基地を許さないたたかいは正念場を迎える（詳細は、『辺野古新基地は必ず止められる』（あけぼの出版）を参照）。

◆「県民投票」での「新基地ノー」の圧倒的民意

安倍政権は、沖縄県知事選挙で「新基地反対ノー」の民意が示されたにもかかわらず、18年12月14日、埋め立てのための土砂投入を強行した。県民の民意をないがしろにし、民主主義を破壊する暴挙である。玉城知事が「激しい怒りを禁じえない」と抗議し、県民の怒りが沸騰したのも当然であった。安倍首相は、10月24日の臨時国会・所信表明演説で、「強固な日米同盟」という項で、「沖縄の皆さんの心に寄り添い」とのべ、新基地問題に結果を出すとのべた。その2か月後に土砂投入を強行した。安倍首相の「県民の心に寄り添う」とは、土砂投入であったのである。

沖縄県民は、この土砂投入に「辺野古米軍基地のための埋め立ての賛否を問う県民投票」で明確な回答を示した。19年2月24日に投開票がおこなわれた「県民投票」は、「辺野古埋め立て」問題の一点に絞って県民の意思を示す初めての「投票」であった。自民・公明両党は、通常の選挙で「争点隠し」を「勝利の方程式」とし、辺野古問題の〝へ〟の字も言わないという作戦に終始してきた。そのため今回の「県民投票」で自民党は、「県民投票」を実施しないという妨害・ボイコット作戦にでた。安倍政権の意を受けた5市（沖縄市、うるま市、宜野湾市、宮古島市、石垣市）の市長が実施しないことを表明した。しかし、多くの県民の「投票の権利を奪うな」「民主主義を守れ」の運動の前に、3択方式（賛成、反対、どちらでもない）での「県民投票」に応じることを表明し、全県実施が実現した。

2月24日、沖縄県民は、安倍政権の妨害行動を乗り越えて、反対が43万4273票、71・7%を占め、あらためて反対の圧倒的民意を明確に示した。投票率も52・48%と過半数を超えた。マスコミの出口調査では、自民党支持者のなかでも「反対」が48%、公明党支持者の54・8%にのぼり、無党派層では82・8%となった（「琉球新報」2月25日）。

「県民投票」の結果は、沖縄の民主主義と地方自治の勝利であり、県民の歴史的勝利となったのである。

安倍首相は、この民意に従って、違法な辺野古埋め立て工事を直ちに中止すべき時である。

日本経済新聞

辺野古移設 反対7割超

沖縄県民投票 知事、首相と会談へ

朝日新聞

2019年 2月25日 月曜日

辺野古「反対」72%

沖縄県民投票

玉城氏「工事中止を」

投票率52・48% 知事選の得票超す

東京新聞

辺野古反対 7割超

沖縄県民投票

知事、日米政府に

資格者の¼超す

移設計画 惰性任せの政権

資料：2019年２月25日付の各紙

◆欠陥機オスプレイ配備強行の異常性

世界で稀代の欠陥機MV22オスプレイの日本配備は、国民に墜落事故と爆音被害の現実的「脅威」を与えるとともに、基地増強の突破口になっている。

2012年6月29日、オバマ米政権は、オスプレイを日本に配備する「接受国通報」を発出した。「接受国通報」とは基地受け入れ国への単なる「通知」である。日本政府が承認してもしなくとも、配備を強行するという「通知」であるが、野田民主党政権は、「オスプレイの安全性は、十分確保されている」として配備容認を表明した。

稲嶺進名護市長（当時）は「安全性も確認されないまま、国民を無視してアメリカいいなりにオスプレイ配備を進める日本政府にもはや民主主義は存在しない」（「琉球新報」12年7月24日付）ときびしく批判した。また、琉球新報は「社説」で「米国の顔色をうかがい、国民の意向を無視して配備計画に唯々諾々と従うだけならば、主権国家とも民主主義国家ともいえない。野田政権は配備強行で自らが日米関係の破壊者たらんとしていることを強く認識すべきである」と指摘した。

海兵隊輸送機MV22オスプレイは、米国内でも「未亡人製造機」とか「空飛ぶ棺桶」と言われる稀代の欠陥機である。開発段階から墜落事故で若い米兵の命を奪ってきた。多くの国民は、なぜこのような欠陥機を日本に配備する必要があるのかとして「配備計画撤回」を求めてきた。ところが野田内閣は、なんらの検証もしないまま、「安全性は確保されている」としてアメリカの配備強行を容認したのである。

米海兵隊太平洋軍は配備にあたって、「MV22の普天間飛行場配備及び日本での運用に関する環境レビュー」（以下「環境レビュー」）を発表した。その概要は次の点である。

①沖縄普天間基地に24機のMV22オスプレイを配備する。CH46ヘリの代替である。

②沖縄の空域と50カ所の戦術着陸帯で低空飛行訓練などをおこなう。伊江島では、陸上で着陸訓

練を年間２５００回おこなう。

③岩国基地とキャンプ富士に分遣隊を派遣し、短期的な展開をおこなう。

④日本全国の既存の７つの低空飛行訓練ルートで訓練をおこなう。夜間訓練など年間55回、合計で３３００回行う。

◆政府の「安全宣言」のゴマカシ

オスプレイはなによりも、エンジン停止時の「オートローテーション」という安全装置の機能をもっていない。日本の航空法では、この機能をもたないヘリコプターは、日本の空を飛ぶことができない。しかし、米軍機には日米安保条約・日米地位協定にもとづく「航空法特例法」が存在し、そのなかの安全規定が適用除外となっているため飛ぶことができるのである。日本の法律より、安保が優先されている。

これに対し日米両政府は、オスプレイの「安全宣言」なるものを日米合同委員会で決定し、発表した。「日米合同委員会合意及び議事録骨子」によると、以下の点が合意された（概要）。

○離着陸は、できる限り学校や病院を含む人口密集地上空を避けるよう設定される。移動の際は可能な限り水上を飛行する。

○22時から6時までの間、飛行は運用上必要と考えられるものに制限される。夜間飛行訓練は、任務達成又は練度維持に必要な最小限に制限し、できる限り早く終了させるよう最大限の努力を払う。

○低空飛行訓練は地上から５００フィート（１５０メートル）以上の高度で飛行する。ただし、その高度を下回る飛行をせざるを得ないこともある。

この「安全宣言」は、「安全」といいながら「安全ではない」という宣言にほかならない。

例えば、この文書では「できる限り」とか「可能な限り」という文言がすべての個所についている。実際、沖縄での訓練は、「できる限り学校や病院を含む人口密集地上空を避ける」といいながら、訓練初日から学校だろうが病院だろうが、保育園、幼稚園だろうがその上空をオスプレイは飛び回った。これがなぜ「安全宣言」なのだろうか。

1999年1月、日米合同委員会は、「在日米軍による低空飛行訓練について」と題する合意を公表した。この合意は、低空飛行訓練について、「原子力エネルギー施設や民間空港などの場所を、安全かつ実際的な形で回避し、人口密集地域や公共の安全に係る他の建造物（学校、病院等）に妥当な考慮を払う」とした。そのため、「最低飛行高度制限に関する規則に従って、人口密集地では300メートル以下、その他の地域では150メートル（500フィート）以下では飛行しない」（質問主意書に対する答弁、99年8月13日）としてきた。ところが今回の「安全宣言」は、「その高度を下回る飛行もある」と宣言した。実際、オスプレイは、住宅地上空でも60メートルという超低空飛行を実施している。「安全宣言」は、オスプレイの配備容認を国民に迫るためのゴマカシの文書、紙切れに過ぎなかった。

◆オスプレイ墜落事故の衝撃

2016年12月13日、海兵隊輸送機MV22オスプレイが名護市安部地区の地先に墜落した。住宅地域からわずか800メートル、1分以内で住宅地に突っ込む危険があった重大事故であった。オスプレイの危険は再三にわたって告発されてきたが、墜落事故が現実のものとなったのである。

ところが、米軍と防衛省はこれを「不時着」と発表した。県民の大きな批判が高まると、こんどは「不時着水」とした。しかし、オスプレイの機体は大破し、完全な「墜落」である。「墜落」と認めない安倍内閣に批判が集中したのは当然であった。

しかもこの墜落事故に対し、沖縄海兵隊のニコルソン4軍調整官（海兵隊司令官を兼任）は、「パイロットは称賛に値する。海に不時着した。勲章を与えたいくらいだ」とのべ、県民からの激しい非難を浴びた。安部地区の住民は「海に落ちたからい、という問題ではない。民家に落ちていたら大変なことになっていた。県民は米軍の奴隷なのか」と激しい怒りをあらわした。

この墜落事故は、オスプレイとMC130という特殊作戦機による空中給油訓練中に起きた。空中給油機のホースがオスプレイのプロペラに接触した事故であった。米軍は、名護市の近隣で、夜間、もっとも危険とされる空中給油訓練を強行していたのである。MC130特殊作戦機がオスプレイとの共同作戦で、敵地への侵攻作戦を想定した訓練をおこなっていた。このような戦争準備のための危険な訓練の強行で、県民の命やくらしが犠牲にされるのは断じて許されない。

オスプレイの墜落

写真：2016年12月13日 名護市東海岸にて（写真提供：田中弘美）

墜落現場でも米軍の横暴な事故処理がおこなわれた。墜落現場は基地内ではないにもかかわらず、米軍が規制線を張り、米軍主導で事故現場の規制を強行した。調査に来た稲嶺名護市長も現地の立ち入りを制限され、米軍と日本の警察に拒否された。また、事故機の回収においても、安部地区海岸の自然を破壊した事故処理が強行された。米軍は大破した事故機を米軍船舶からロープで引きずって回収した結果、海底には事故機の機体・部品が散乱した。住民は「海に潜ると事故機の機体などで海底が削られてしまった。危険な炭素繊維だ。この場所は、子どもやおじい、おばあが、海からの贈り物を獲るところなのに」と嘆き、米軍に対し原状回復を要求している。

オスプレイ墜落事故から10か月後の2017年10月11日の総選挙のさなか、米軍CH53E大型ヘリコプターが東村高江上空で炎上し、墜落した。目撃した村民は、「公民館からわずか200㍍。私たちの命をなんと思っているのか。米軍は飛ばさないでほしい」と怒りの声をあげた。東村高江は、オスプレイなどの着陸帯（LZ＝Landing Zone）が建設されたばかりである。CH53の墜落事故は、オスプレイ墜落事故とあわせて地区住民を震撼させた。

CH53ヘリの墜落現場となった西銘牧場でも異常な光景が見られた。米軍が牧場主の許可もなく連絡もおこなわず、墜落現場の土をダンプカーで回収したのだ。牧場主の西銘さんは「米軍が突然ダンプカーを入れ、勝手に土を取っていった」と怒りを越えてあきれ顔であった。米軍はその後、西銘氏に対し、その忍耐をたたえたニコルソン司令官からの「感謝状」を贈ったが、日本国民を愚ろうする行為である。その後、返上された。

◆子どもたちの命がねらわれた！

墜落事故につづいて、米軍ヘリからの部品落下事故が相次いだ。

CH53大型ヘリの墜落・炎上事故から2か月もたたない12月14日、普天間基地に隣接する普天間第二小学校の運動場に重さ７・７キロのＣＨ53の窓枠が落下、体育の授業中の児童のわずか10メートルという至近距離であった。幸いにけが人はいなかったが、大惨事寸前の重大事故であった。つづいて12月７日には、宜野湾市の緑が丘保育園の屋根にＣＨ53の部品が落下した。

子どもたちの命が危険にさらされる重大事故が繰り返されたのである。しかも同様の事故は２０１８年でも、読谷村、渡名喜島、うるま市伊計島、鹿児島県奄美大島と相次いだ。これまでも米軍事故はひんぱんに起きたが、これだけ短期間に重大事故が集中したのはかつてないことである。

このような事故の実態は、沖縄が日米地位協定のもとで、いまなお植民地実態にあることを鮮明にした。欠陥機オスプレイは、墜落事故を引き起こしながら依然として沖縄の空で傍若無人の低空飛行訓練を強行している。嘉手納基地では、異常な爆音をまき散らした米軍基地の無謀な訓練が繰り返されている。日米地位協定と、それにもとづく航空特例法によって、米軍機はいつでもどこでも低空飛行訓練を認められている。

沖縄県議会は、この日米地位協定の抜本的見直しを要求した、また、戦後はじめて海兵隊の撤退を要求した。２０１７年2月には、航空法特例法を廃止せよとの決議を採択した。沖縄県は「日米地位協定改定案」を作成し、政府に提出している。

翁長知事は県議会で、「私は、自己決定権が沖縄にはないという言葉で、ある意味では柔らかく話をしたつもりですけれども、議会のほうで『植民地ではない』という言葉を使ってしっかり表現していただいたということは、私からすると大変心強い感じがいたしております」とのべた。また、地位協定と航空特例法については、「日米地位協定が憲法の上にあり、日米合同委員会が国会の上にあり、日米安保体制が司法の上にある」と答弁し、日本の植民地的実態を告発した。

③「本土の沖縄化」めざす全国の基地増強

今日、全国の基地は、沖縄の植民地的実態を日本全土に押しつける方向での大増強がおこなわれている。1972年の沖縄返還の際、沖縄での植民地的実態が全国に拡大するという意味での「本土の沖縄化」の危険が指摘されたが、現在の増強は文字通り、この方向にすすんでいる。

◆首都・東京での横田基地大増強

米軍基地の増強は首都東京に及び、一国の首都と首都圏を属国地とする事態が進行している。

米軍横田基地は、在日米軍基地司令部が置かれ、在日米軍の中枢である。同時に、第374輸送航空団C130戦術輸送機の中継基地であった。基地機能としては、軍事面よりは、在日米軍の政治的な役割を中心的任務としていた。

ところが2012年、横田基地は大きな変貌を遂げ始めた。同年1月、米軍が突然パラシュート訓練を強行した。アメリカが世界に張り巡らせた基地受け入れ国のなかで、一国の首都でパラシュート訓練を容認しているのは日本だけである。

パラシュート訓練は、沖縄の読谷村で海兵隊と特殊部隊による訓練がおこなわれてきたが、読谷村では、1965年6月11日、「物資投下」訓練で米軍のトレーラーが落下し、小学5年生の女の子が圧死する事件が発生した。読谷村では、危険極まりない訓練としてその移転を要求してきた。その結果、SACO合意では、伊江島に移転することが日米で合意された。伊江島では、住民の反対運動が起き、その撤去を要求している。

その訓練が首都東京の横田基地に移転されてきたのである。しかも、横田移転では、地位協定にもとづく手続きも、事前通告もなく、米軍の一片の「通告」によって強行された。米軍のやりたい放題の訓練移転である。

この訓練は、当初は数人の訓練であったが、沖縄の第一特殊作戦部隊や物資投下など強化・拡大され、最大100人という大規模な降下訓練まで強行されている。

◆CV22特殊作戦機オスプレイの配備

パラシュート訓練の強行に続いて、2018年4月3日、トランプ米政権は、空軍特殊部隊のCV22オスプレイ5機の横田基地配備を強行した。4月3日、横浜ノースドッグ米陸・海軍基地に陸揚げされたオスプレイは、5日午前、横田基地に着陸した。

CV22オスプレイ10機の横田配備はすでに2015年5月に発表されていたが、17年3月、2020年の配備に「延期」されていた。今回の配備は、「2年前倒し」の配備で、10月1日に正式配備された。

CV22は、海兵隊のMV22オスプレイの同型機であるが、他国へ隠密裏に侵攻し、暗殺や拉致などの秘密作戦を任務とするアメリカ特殊部隊の専用機である。一国の首都にこのような特殊部隊とオスプレイの配備を容認している国はない。安倍内閣は、こうした事実を熟知しながら、横田配備を受け入れることを表明した。

米空軍特殊作戦軍（フロリダ州ハールバート・フィールド基地）は2月24日、「CV22の横田飛行場配備に関する環境レビュー」（「環境レビュー」）を発表し、主につぎのような計画を明らかにした。

①横田基地に353特殊飛行中隊の「群司令部」を発足する。要員は約430名。
②低空訓練や夜間飛行訓練などを、横田エリアのH（ホテル）空域、富士演習場、沖縄、三沢対地射爆場などで実施する。
③横田基地を中核に、弾薬庫、模擬飛行訓練装置（シュミレータ）などを建設する。

これらの計画には、3つの異常性がある。

第一は、全国のもっとも人口が密集している首都東京、首都圏へのオスプレイ配備によって墜落事故の危険と爆音被害の危険を深刻にすることである。

米特殊部隊軍団作成の「環境レビュー」は、事故や爆音について「住宅地域に影響を及ぼすことはない」とか「著しい影響はない」とくり返し「強調」している。また、「事故率はヘリと同様」などと記載している。

しかし現にC130輸送機の配備や海兵隊オスプレイの訓練で横田基地周辺の騒音被害が拡大している。「環境レビュー」は、なぜ影響がないのか、明確な根拠を示していない。また、事故率もCV22は海兵隊航空機の中では断トツに事故の多い輸送機である。MV22の6倍、10万飛行時間当たり13・47である。その理由について防衛省の報告書（「MV22オスプレイの事故率について」（２０１２年９月19日））は、「特殊作戦という独特の任務所要のため、より過酷な条件下で訓練活動を実施」していると明記している。つまり、60㍍以下の超低空飛行訓練が義務づけられているから事故率が高いと言うのである。

「環境レビュー」では、この超低空訓練を否定していない。つまり、「より過酷な条件下での訓練」はひきつづき強行されようとしている。墜落事故や危険な部品落下事故が再燃することは必至である。

第二は、首都圏がオスプレイの訓練場となる異常さである。

「環境レビュー」は、CVオスプレイの訓練を横田基地周辺と横田エリアのH（ホテル）空域で実施するとしている。H空域は、長野、群馬、新潟、栃木の上空に広がる自衛隊の「訓練空域」である。

横田エリア（空域）

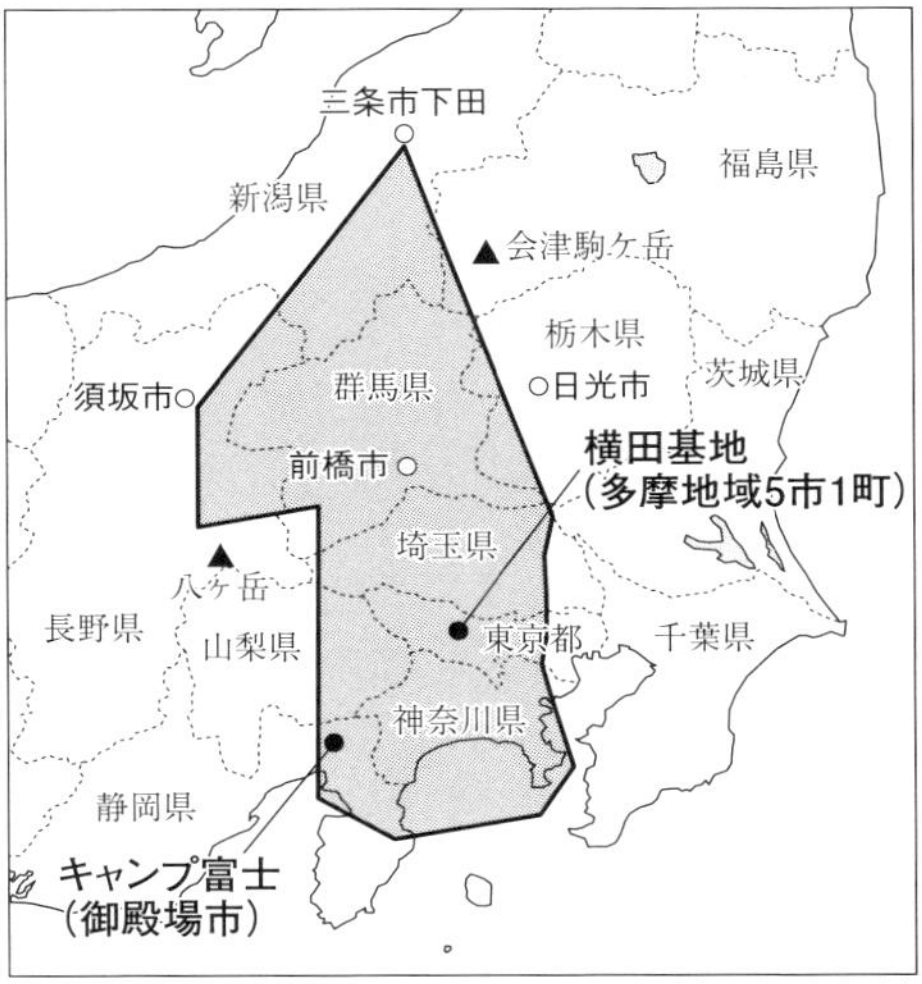

資料：国土交通省、防衛省などの資料より安保破棄中央実行委員会作成

ところが、ここは事実上、米軍専用訓練空域となっている。米空軍特殊作戦部隊は、ここで超低空訓練や夜間訓練を強行しようとしている。また、横田基地周辺でも低空訓練を実施するとしている。

これらは首都圏全体が、オスプレイの訓練場となることを示している。実際、ＣＶオスプレイの横田配備以降、オスプレイは、埼玉の所沢米軍通信所での離着陸訓練など首都圏各県上空での訓練を開始し、あちこちで目撃されている。地方自治体を完全に無視した「無通告」の訓練が強行されている。

第三は、日本の首都が、米特殊部隊の出撃基地となる異常さである。

米軍横田基地所属機の訓練飛行ルート

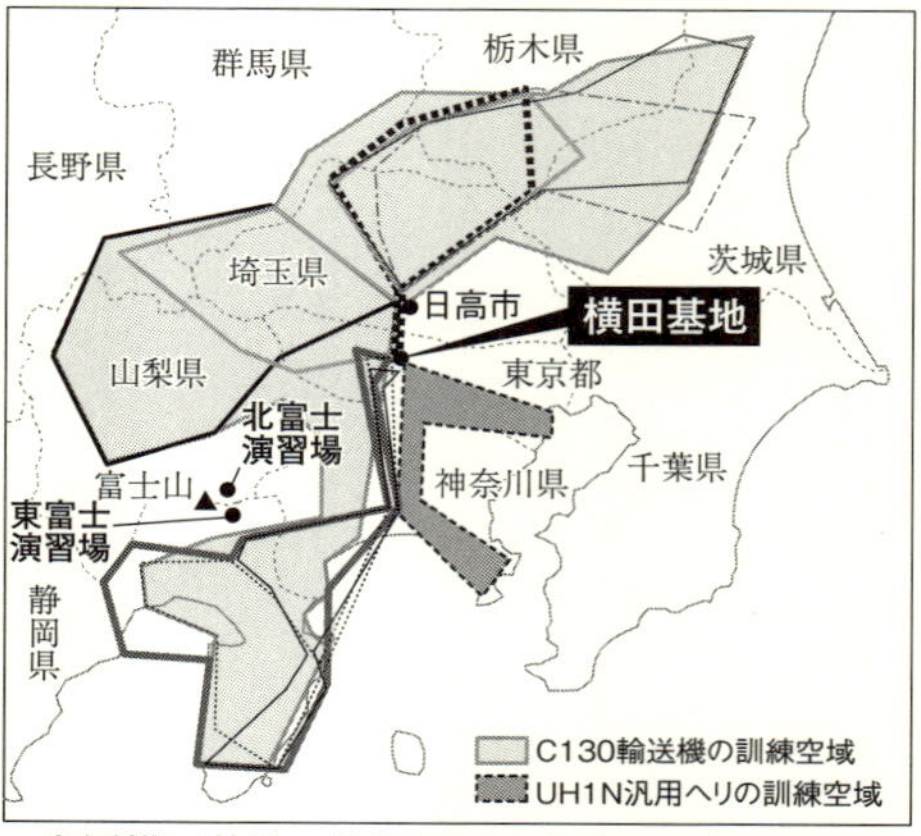

※米軍横田基地は首都圏周辺上空で９本以上の訓練飛行ルートを設定している
資料：「赤旗」2018年7月14日。横田基地の「気象支援」訓令などから作成

米軍準機関紙「スターズ&ストライプス」（星条旗）紙は２０１５年５月、米軍特殊部隊がＣＶ22オスプレイを使い、シリアのＩＳ（イスラム国）幹部の殺害計画を実行したと報じた。「白兵戦を含むかなり激しい銃撃戦がおこなわれ、この襲撃でＩＳ戦闘員12名を殺害した」としている。ＣＶ22の横田配備は、こうした米特殊部隊が日本を出撃基地とした秘密作戦をおこなうためである。実際、沖縄のトリイ・ステーション（基地）には、陸軍第一特殊作戦群第一大隊がすでに配備されている。また、横田に配備されたＣＶ22の飛行計画はまったく「秘密」の訓練が強行されている。

一国の首都がこのような出撃基地となる事態は世界のどこの国にもない。日本政府の受け入れの異常性を示している。

◆無法な低空飛行訓練の常態化

２０１８年4月2日、「ＵＳＡミリタリー・チャンネル」は、三沢基地所属のＦ16攻撃機が「日本の山岳地帯上空で低空飛行訓練」を実施したとの生々しい動画を掲載した。Ｆ16のパイロットがコックピット（操縦席）から撮影したもので、動画には住宅地や発電所、風力発電所などが映しだされている。しかも、この動画では、高さ78㍍の風車の下をＦ16が通過しており、明らかに60㍍前後の「超」低空飛行が実施されている。これは日米合同委員会で、「人口密集地は３００㍍、それ以外は１５０㍍以下で飛行しない」という約束をも破る傍若無人の飛行訓練である。動画では、住宅地が映し出されており、住民の生活を無視した米軍の根深い占領者意識むき出しの訓練である。

この訓練は当然米軍基地内の訓練ではない。日米地位協定には、基地外での米軍の訓練に規制はない。米軍の訓練は、基地の内外を問わず〝野放し〟状態である。沖縄でのオスプレイ墜落の際、稲田防衛大臣は記者会見で、「運用に関わる問題として、訓練の時間等を含む詳細な情報が日本側に通報されることは通常ありません。ですので、その点について何か求めていくことは、日本側としてはないということです」（２０１７年1月7日）とのべた。日米地位協定の取り決めさえも踏みにじる暴挙であり、日本の植民地的実態を表している。

米海兵隊は、オスプレイの日本配備を前に「ＭＶ22の普天間飛行場配備及び日本での運用に関する環境レビュー最終版」（「環境レビュー」）を発表した。このなかで海兵隊は初めて、沖縄に50カ所の戦術着陸帯と全国各地に7つの低空飛行訓練ルートが存在することを明らかにした。日本国民にとっては「寝耳に水」である。海兵隊はまた、このルートで、低空飛行訓練と夜間訓練を年間55回、合計３３００回の訓練をおこなうことを発表した。

米軍はこれまでも三沢基地所属のＦ16攻撃機や沖縄のＭＣ１３０特殊作戦機などによる低空飛行訓練を繰り返してきた。敵国への低空侵入攻撃の際、レーダーに探知されないための訓練である。東北地方の「グリーン・ルート」でＦ16攻撃機が超低空訓練を頻繁にくり返した結果、１９９４年、岩手県釜石市の山中への墜落事故を引き起こした。この事故報告では、Ｆ16がルートにこだわらず、自由勝手に飛行訓練を強行していたことが判明した。四国を横断するオレンジ・ルートでは、94年10月、高知県本山町の早明浦ダムにＡ６Ｅイントルーダー電子戦機が墜落した。99年1月には、岩国基地のＦＡ18戦闘攻撃機が高知沖の土佐湾に墜落した。オスプレイの配備は、こうした危険な低空飛行訓練を再現し、全国各地での墜落事故の危険を拡大するものである。

こうした日本での一連の低空訓練の実態は、国際的にみて異常である。

ドイツやイタリアでは、ＮＡＴＯ地位協定にもとづいて基地内や基地外を問わず、訓練には一定の規制がある。ドイツのボン協定53条は、基地内でも「権限あるドイツの当局に事前に通知して、その許可を得る」としている。イタリアは１９９５年の「実施取極」で「(米軍) 部隊の訓練行動及び作業行動について、事前にイタリア司令官又はその代理人を通じて通告を受ける」としている。また、98年のロープウェー切断事故をきっかけに米軍による訓練は許可制となった。

これに対し日本では、米軍がこのような規制に応じていない。それは、日本政府が米軍に正面から地位協定の見直しを提起せず、「運用改善」などという国民ゴマカシの手法で乗り切ろうとしているからにほかならない。日本が植民地的状態に置かれているのは、米軍の横暴に加え、日本政府がこの横暴を野放しにしているからである。

◆「戦争法」と連動したあらたな基地増強計画

２０１５年5月の「２＋２」で合意された新「ガイドライン」は、日本の「戦争法」のおおもとになったが、「２＋２」は同時に、つぎのような「日米共同発表」をおこない、新たな米軍基地増強に踏み出した。

「最も現代的かつ高度な米国の能力を日本に配備することの戦略的重要性を確認した。当該配備は同盟の抑止力を強化し、日本及びアジア太平洋地域の安全に寄与する。この文脈において、閣僚は、米海軍によるP８哨戒機の嘉手納飛行場への配備、米空軍によるグローバル・ホーク無人機の三沢飛行場へのローテーション展開、改良された輸送揚陸艦であるグリーン・ベイの配備及び２０１７年に米海兵隊F35Bを日本に配備するとの米国の計画を歓迎した。さらに、閣僚は、２０１７年までに横須賀海軍施設にイージス艦を追加配備するとの米国の計画、及び本年後半に空母ジョージ・ワシントンをより高度な空母ロナルド・レーガンに交代させることを歓迎した」

「最も現代的かつ高度な米国の能力」とは、「発表」にあるような米軍の最新鋭兵器の配備強行であり、この配備による基地機能の増強である。

「２＋２」に出席した安倍内閣の岸田外務大臣と小野寺防衛大臣は、この増強を「歓迎」すると表明した。

これによって、在日米軍基地の大増強が始まり、三沢（青森県）、横田（東京都）、横須賀（神奈川）、岩国（山口県）、佐世保（長崎県）、沖縄の基地群という日本の主要な米軍基地すべてでこれまでにない大増強が進行した。しかもこれが、自衛隊と自衛隊基地の増強と連携・一体化としてすすめられている。

横田米軍基地の実態は詳述した（１１３ジペー以降参照）ので、その他の米軍基地の現状を報告する。

（岩国海兵隊航空基地）

岩国基地では、米海軍の空母艦載機部隊である第5航空団60機の移駐に加え、海兵隊の垂直離着陸戦闘機F35Bが16機配備され、基地の大拡張が進行した。艦載機移転によって岩国基地所属機は、それまでのF18A攻撃機34機に加え、１３０機以上。沖縄の嘉手納空軍基地を上回り、アジア最大の米軍航空基地となった。外来機を含めると嘉手納空軍基地につづいて2つ目の100機以上の戦闘機を擁する航空基地の出現である。

垂直離着陸ステルス戦闘機F35Bの配備は、岩国基地の爆音被害を一変させた。"重低音"の胃を抉《えぐ》るような爆音は周辺住民にさらに耐え難い被害を押しつけている。市民の間では「今日も爆音がひどいね」が朝夕のあいさつになった。これまで爆音が聞こえなかった住宅地まで爆音が響きわたった。市民は「爆音被害をなくせ」の署名運動を展開し、米軍に飛行の停止を要求した。

米軍と防衛省は、こうした市民への爆音被害が拡大しているにもかかわらず、それを無視して異常な低空飛行訓練をくり返している。防衛省は、爆音被害の実態調査にも及び腰である。

米軍は、こうした実情をよそに、岩国基地で空母艦載機による離発着訓練（FCL

沖縄を除く地域における在日米軍主要部隊などの配置図 2017年度末現在

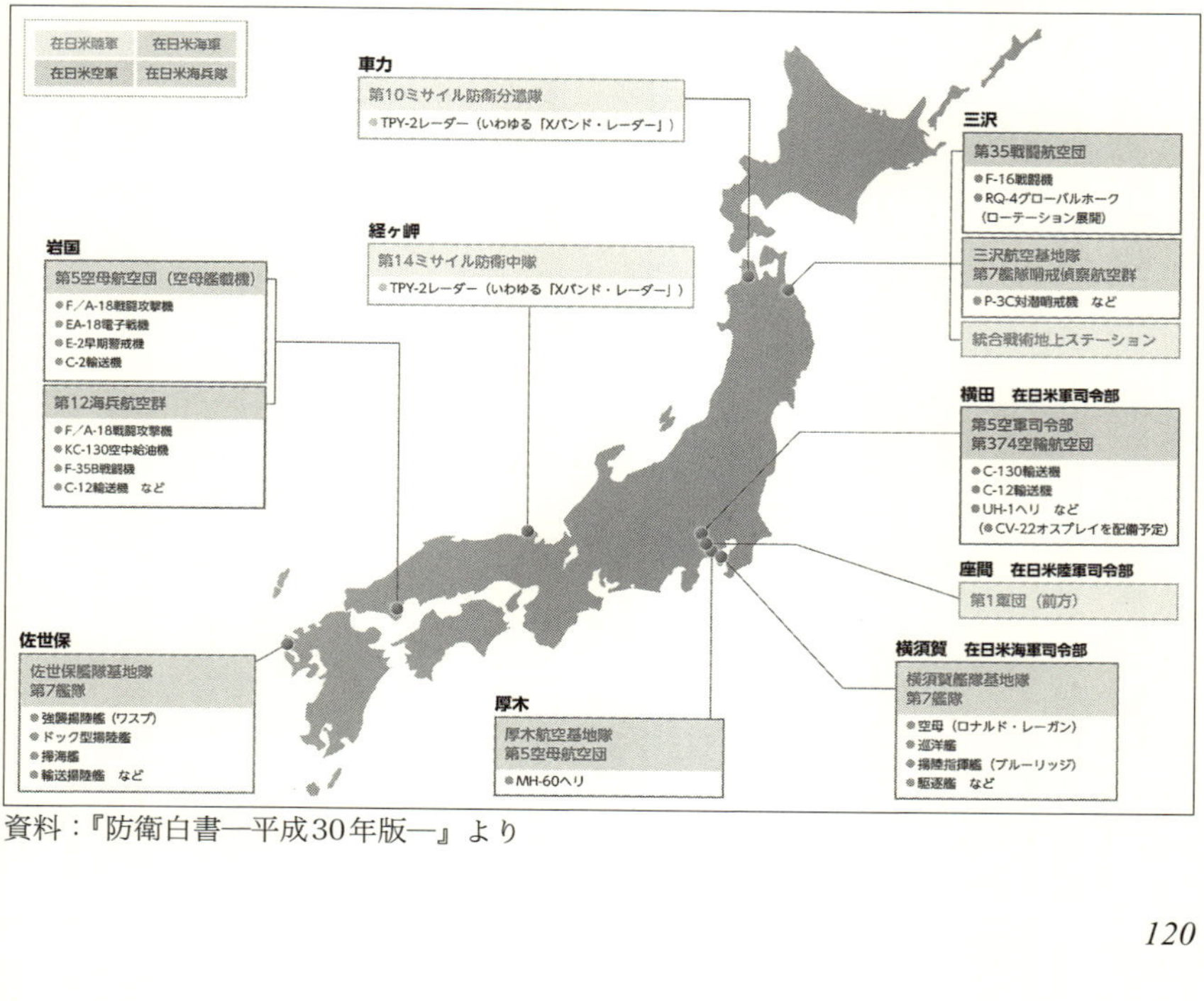

資料：『防衛白書—平成30年版—』より

P＝Field Carrier Landing Practis）を強行する態勢をすすめている。岩国基地の「航空マニュアル」は、艦載機移転に備えて岩国基地にFCLPの施設を建設済みであるとしている。FCLPはこれまで、厚木基地で実施され、岩国移転の大きな理由になってきた訓練だが、こんどはこれを移転先の岩国基地でも強行しようというものである。こんどは岩国周辺住民が爆音被害で「眠れぬ夜」を過ごすことになる。

（三沢米空軍基地）

三沢基地には、核兵器搭載可能なF16攻撃機34機が配備されている。F16は常時イラクや中東に展開してきた攻撃機であるが、最近、パイロットの証言で、F16が現に中東のシリアに展開し、IS占領地への爆撃・攻撃作戦をおこなっていることが明らかとなった。

F16は前述したように、傍若無人の低空訓練を強行し、周辺住民に耐えがたい爆音被害を押しつけてきた。これによって、三沢市の四川目、五川目、砂森、天ケ森地区では集団移転を余儀なくされた。三沢基地周辺では、移転後、多くの土地が更地と化している。

また、米軍はここに無人偵察機グローバル・ホークを配備し、周辺国の偵察、情報収集を強化する計画である。グローバル・ホークは、地上から操縦する、いわゆる大型のドローンであるが、高度約4万《フィート》～5万《フィート》上空から敵国の通信や軍事施設などの情報を収集できる偵察機である。米軍はこれまでU2やSR71などのスパイ偵察機を運用したが、有人のため長期間、高高度での情報収集が不完全であったため無人偵察機の導入を開始したものである。米軍はまた、パキスタンや中東などで無人攻撃機「プレデター」（侵略者という意味）や「リーパー」を運用し、攻撃をおこなっているが、パキスタンでは民間人を殺りくし、多数の犠牲者を出すなどパキスタン政府との深刻な外交問題に発展している。

同時にグローバル・ホークの情報は、単なる情報の収集にとどまらず、無人攻撃機に提供され、攻撃に利用されている。

三沢基地の姉沼地区には、ＮＳＡ（国家安全保障局）が管理する偵察衛星などの情報を受信するアンテナ群がある。グローバルホークの三沢配備は、こうした地上のスパイ活動や宇宙のスパイ衛星などと一体となって、軍事情報収集を強化するものである。

（横須賀・厚木・座間）

神奈川県内の米軍基地群は、海軍と陸軍部隊の増強がすすめられている。

原子力空母の母港となった横須賀米海軍基地は、原子力空母「ロナルド・レーガン」が配備され、艦載機の岩国移転後も激しい訓練がおこなわれている。米海軍は、原子力空母の母港と「ミサイル防衛」態勢の強化のため、イージス艦の配備を増強してきた。２０１３年段階で10隻であった空母機動部隊の随伴艦は、過去最多の14隻態勢に拡大された。追加配備された艦艇も、「バリー」や「ミリウス」など最新艦に切り替えられた。

自衛隊の横須賀基地は、ヘリ空母「いずも」の定係港（母港）である。後述するが、「いずも」はＦ35Ｂ垂直離着陸戦闘機を搭載する攻撃型空母に改造されようとしている（１２８ジペー参照）。米軍と自衛隊の共同出撃基地としての増強もすすんでいる。

厚木基地は、艦載機の岩国移転が完了したが、依然ＦＣＬＰが強行されるなど、訓練が強化されている。米海軍は、「迂回飛行場として、訓練・給油・整備などのために、折にふれ厚木飛行場を使用する」

米軍・無人偵察機グローバルホーク

※全長14.5m、全幅39.9m
写真：防衛省広報資料より

（17年8月18日）と発表し、空母艦載機の代替飛行場としての機能を保持している。

座間基地や横浜ノースドッグなどの陸軍基地でも、兵站機能の増強などの強化がすすんでいる。キャンプ座間には米軍第一軍団前方司令部と陸上自衛隊・陸上総隊が〝同居〟する「日米共同部」が設置され、日米一体化が進行した。また、広島県の秋月弾薬庫から座間への弾薬の陸上輸送が強行され、兵站部門の一段の強化がはかられている実態が明らかとなった。

（佐世保米軍基地）

佐世保米海軍基地は、海兵隊を乗せて敵国を攻撃する強襲揚陸艦4隻の母港である。18年3月、強襲揚陸艦「グリーン・ベイ」があらたに配備された。「グリーン・ベイ」は、敵のレーダーをかいくぐって侵入できるステルス艦で、全面が鉄板に覆われ、海上に浮かぶ戦車のような様相である。

主力の大型揚陸艦「ボノムリシャール」は、F35Bを搭載できる「ワスプ」に交代し、大幅な増強がはかられた。F35Bは、これまで搭載されていたAV8Bハリアーと同様の垂着離着陸機であるが、甲板を強化したワスプに交代した。オスプレイも搭載できる能力を持っている。

佐世保基地には、揚陸艦が搭載するLCAC（クッション型揚陸艇 Landing Craft Air Cusion）が配備され、その訓練・出撃の基地が西海市の横瀬駐機場に「思いやり予算」で建設された。LCACは、揚陸艦に搭載され、他国への上陸作戦を強

海上自衛隊　護衛艦「いずも」

※全長248m、全幅38m、基準排水量1万9500トン
写真：防衛省広報（HP）資料より

行するため海岸線奥まで侵入できるようにしたホーバークラフトである。約２００名近い海兵隊員と戦車1両を搭載できる。

防衛省は、基地建設に伴って旧西海町と協定を結び、「夜間・早朝の航行については行わないように米軍と調整する」との協定書を交わした。これは合併に伴って誕生した西海市にも受け継がれた。ところが17年10月、米軍は突然、市との協定を踏みにじって夜間訓練を強行すると発表した。17年11月7日、米軍は、西海市ぐるみの反対運動を押し切って夜間訓練を強行した。海兵隊の「殴り込み」戦略の強化のなか、夜の闇に乗じて他国に上陸・攻撃する訓練を強化するため、一方的に協定破りをおこなったのである。

この米軍の横暴な態度は、協定やぶりとともに、米軍が佐世保基地での本格的な「殴り込み」作戦を強行する危険をしめした。

◆嘉手納・普天間など沖縄の基地群

沖縄における米軍基地の増強は、辺野古の新基地ばかりではない。所属機１００機を擁する最大の米軍基地・嘉手納ではこれまでに見られなかった大増強がすすんでいる。

第一は、絶え間ない外来機の「暫定配備」である。

２０１７年11月、突然Ｆ35Ａ戦闘機12機が米ユタ州のヒル空軍基地から展開した。海外でははじめての暫定配備である。つづいて3月には、横須賀を母港とするロナルド・レーガンの艦載機Ｆ18Ａ攻撃機15機が飛来した。また、岩国基地のＦ35Ｂが４機展開した。さらに、Ｆ22ステルス戦闘機14機がアラスカ州エレメンドルフ基地から展開した。６月４日には、横田基地に配備されたＣＶ22オスプレイ４機がその日のうちに飛来した。

第二は、嘉手納基地とその周辺に広がる訓練空海域で、在日米軍の戦闘機が激しい訓練をくり返している。これらが嘉手納に展開するのは、久米島近海などでの射撃・爆撃訓練に使用する爆弾・弾薬を嘉手納弾薬庫から装填するためである。また、岩国のＡＶ８Ｂハリアー戦闘機の墜落事故も、これらの訓練のためである。

嘉手納基地は、基地自体の増強に加え、外来機による異常な増強がはかられている。

普天間基地も、オスプレイやＣＨ53Ｅ大型ヘリの部品落下事故にみられるように、訓練の強化で基地被害が拡大している。また、ＭＶ22オスプレイ８機の追加配備がおこなわれ、新型機が追加配備された。

海兵隊の訓練場である伊江島では、訓練基地の大幅な増強がおこなわれている。Ｆ35Ｂやオスプレイが強襲揚陸艦からの離発着訓練（ＦＣＬＰ）を行う滑走路（ＬＨＤデッキ）の大幅改修がおこなわれ、現在の２倍強となる８６７㍍に拡張された。この改修工事のさなかにもオスプレイが飛来し、３㌧のコンクリートの塊を吊り上げ、住宅地上空を飛行するという無謀な訓練も強行された。こうした訓練で、爆音被害は最高で１０８デシベルという鉄道の高架下と同様の爆音被害がでている。また、これによって乳牛の死亡・早産など深刻な被害も指摘されている。

沖縄基地群の実態は、『沖縄の米軍基地』（あけぼのブックレット）に詳しい。

3 米軍との従属的一体化を強化する自衛隊の大増強

今日の「日米同盟強化」をめざす最大の焦点は、自衛隊の実態面と法制面での増強にある。

歴代の日米両政権は、日本の「再軍備」をめざし、前身である警察予備隊の創設から約65年、自衛隊を「戦える軍隊」とすることをめざして増強に次ぐ増強をすすめてきた。日米安保条約の「日米共同作戦」条項にもとづくものとして、米軍と「日米防衛協力の指針」（日米ガイドライン）の策定をすすめてきた。しかし、憲法9条を守る国民の「平和の力」の前に、その目標を遂げることができなかった。

安倍内閣は、政権発足時から9条改憲をかかげ、自衛隊の軍備増強をすすめてきた。第二次安倍内閣では、「防衛」予算を5年連続で5兆円を突破させ、大増強に走っている。そして、いま、安倍内閣は、違憲の自衛隊を強化・拡大し、実態面で「戦争のできる軍隊」に改造すること、そして法制面では憲法9条に「自衛隊を明記する」改憲を実現すること、この2つの目標に向かって突き進んでいる。

これらの実態は、いまどの段階まできているのだろうか。そして、実際に日本が米軍と一緒に海外で「戦争できる国」とするためにどのような策動がおこなわれているのだろうか。

① 安倍内閣の異常極まる軍拡政治

日米安保条約は第3条で、「締約国は、個別的及び相互に協力して、継続的かつ効果的な自助及び相互援助により、武力攻撃に抵抗するそれぞれの能力を、憲法上の規定に従うことを条件として、維持し発展させる」と明記した。超軍事大国アメリカとの条約であるので、日本に軍備増強を義務づけた条項である。

安保条約が憲法9条の「戦力不保持」に反することは明白であるが、現在安倍内閣のもとですすめられている軍拡政治は、「憲法の規定に従う」どころか、憲法を丸ごとつくりかえる方向での大増強である。

そのキーワードは、米軍との従属的一体化である。これを通じて、自衛隊を「米国防衛」「米軍防衛」の軍隊に仕立て上げることである。いわば「傭兵化」の方向だ。これは「日本防衛」とはまったく無縁の大増強である。

安倍内閣が提出した2018年度「防衛」予算は、4年連続で5兆円を突破し、5兆1911億円となった。この「防衛」予算は、これまでの予算には見られない「米国第一」を恥じることなく貫き通している。文字通り対米追随の予算である。その実態は、以下の通りである。

◆自衛隊の「敵基地攻撃能力」の増強

その第一は、自衛隊に「敵基地攻撃能力」を付与し、自衛隊を本格的な戦争できる軍隊に強化・拡大することである。

アメリカの国務副長官を歴任したリチャード・アーミテージ氏は、マスコミのインタビューで、「日本は集団的自衛権行使の『安保法制』も整備したが――」との問いに、「日本の対応は大きな一歩だと評価している。ただ完全ではない。私は日本が敵基地攻撃能力を保有するのに賛成だ。北朝鮮にある（ミサイル）移動発射機を破壊する能力を保有していないというのは、自ら守れないことを意味する」（「朝日」2018年4月24日付）と答えた。北朝鮮の核・ミサイル開発を口実とした「敵基地攻撃能力」強化の圧力である。これは、歴代米政権の強い要求であった。

自民党はアメリカの要求に従って、これまで「敵基地攻撃能力の付与」を政府に要求してきた。現在の自衛隊の戦力が「敵基地攻撃能力」を保有していないのかと言えばそうではない。十分な攻撃能力をもっている。しかし、憲法９条の「制約」から、軍事的には他国への地上攻撃能力や侵攻能力が抑えられてきた。例えば、「他国への脅威となる侵略的、攻撃的兵器は持てない」として、大陸間弾道ミサイル（ＩＣＢＭ）、戦略爆撃機、攻撃型空母が挙げられてきた。

ところが安倍内閣は、９条の「戦力不保持」の原則から「持てない」とされてきたこれらの侵略的、攻撃的兵器の保有に踏み込み始めた。

まず、攻撃型空母の保有である。防衛省は、世界では「軽空母」や「ヘリ空母」と言われている２万６０００トン級のヘリコプター搭載護衛艦「いずも」を改修し、これに核兵器も搭載可能なＦ35Ｂ垂直離着陸攻撃機を搭載して攻撃型空母とする計画を検討しはじめた。

Ｆ35Ｂは、現在米海兵隊が運用している攻撃機で、敵国のレーダーを回避できるステルス性能を保有し、低空で敵国に侵入し攻撃する他国への「殴り込み」戦略の象徴的兵器である。米軍は、山口県・岩国基地に16機配備し、そのうち６機を米海軍強襲揚陸艦「ワスプ」に搭載した。自衛隊がＦ35Ｂの搭載可能な空母を保有すれば、海兵隊との共同の上陸作戦が可能になる。

自民党国防部会は、この空母を「防衛型空母」と呼び、その導入を提言した。Ｆ35Ｂが搭載される大型軍艦を「防衛型」と強弁することはまったく通用しない。憲法上保有できない「攻撃型空母」の保有禁止を摺《す》り抜ける便法にほかならない。

もうひとつは、Ｆ35Ａ戦闘機の導入である（141ページ参照）。

Ｆ35Ａは、米空軍の主力戦闘機である。アメリカの新ＮＰＲでは、Ｆ35に核兵器搭載能力を付与する計画である。Ｆ35Ａも海兵隊のＦ35Ｂと同様、ステルス機能という敵国のレーダーに探知されない機能をもち、敵基地攻撃能力をもっている。Ｆ35の航続距離は約２０００キロ、武装して飛べる戦闘行動半径は約１４００キロという長距離攻撃能力を保有している。福岡の築城基地から飛び立てば、中国大陸を優に攻撃できる能力である。

防衛省は、Ｆ35Ａを42機導入する計画で、敵基地攻撃能力を任務とする米軍のＦ16攻撃機が配備されている三沢米軍基地（青森県三沢市）に配備する計画である。また、18年度予算でこのＦ35Ａに「スタンド・オフ・ミサイル」という敵側の見えない距離から発射できるＪＳＭミサイルを搭載する。射程は５００キロの地上攻撃、艦艇攻撃のできる長距離ミサイルである。これによって航空自衛隊の「敵基地攻撃能力」は一段と強化される。航空自衛隊幹部は「町の交番に特殊部隊を配置するようなもの。Ｆ35を使いこなせるようになったら、周辺国は日本を専守防衛の国とは信じなくなるだろう」と発言している（「朝日」18年４月23日付）。

◆「イージス・アショア」と自衛隊の「米本土防衛」

第二は、「イージス・アショア」の導入・配備など「米国防衛」「米軍防衛」の兵器導入と運用に公然と踏み出したことである。

２０１７年11月５日〜７日、アメリカのトランプ大統領が訪日し、安倍首相との間で、５度目の日米首脳会談が開かれた。トランプ大統領は、横田米軍基地に大統領専用機エアーフォース・ワンで乗りつけ、会談に臨んだ。両首脳は、北朝鮮の核・ミサイルの開発問題を主要な議題とし、現時点は「最大限の圧力をかける局面」で一致した。安倍首相は「日米が１００％共にあることを力強く確認した」とのべ、トランプ大統領は「われわれは黙って見ていない。『戦略的忍耐』の時期は終わった」とのべた（「朝日」デジタル、11月６日）。

こうした会談のなかトランプ大統領は、アメリカの兵器売り込みの大攻勢をかけた。「日本が膨大な兵器を買うことが重要」とのト

イージス・アショア（ハワイの実験施設）

写真：防衛省広報資料より

ランプ大統領の要求に、安倍首相は、「米国からさらに購入していく」と答えた。その結果、安倍内閣は、中期防衛力整備計画(2014~2018年度)にはない「イージス・アショア」の導入を12月19日閣議決定した。防衛省は、秋田市の新屋自衛隊演習場と山口県萩市のむつみ演習場に配備する計画である。

「イージス・アショア」は、「陸上イージス」と言われ、「ミサイル防衛」用の軍艦であるイージス艦のイージス・システム部分を陸上に配備するものである。総額1000億円から2000億円といわれ、射程数千キロの迎撃ミサイルとレーダーを保有する基地が建設される。

イージス・アショア配置構想図

資料：防衛省発表資料より作成

安倍内閣は、「イージス・アショア」の導入・配備について、「日本防衛にとっても重要」とくり返した。しかし、これらの配備は、軍事的にも原理的にも「日本防衛」とは無縁である。「アメリカの本土防衛のため」以外のなにものでもない。

新日米ガイドラインの合意は、「日本以外の国に対する武力攻撃への対処行動」、つまり、「他国防衛の計画」を明記した。このなかの「4、弾道ミサイル攻撃に対処するための作戦」をかかげ、次のように合意した。

「自衛隊及び米軍は、おのおのの能力に基づき、適切な場合に、弾道ミサイルの迎撃において協力する。日米両政府は、弾道ミサイル発射の早期探知を確実に行うため、情報交換を行う」

つまり、弾道ミサイル防衛は、「日本以外の国に対する武力攻撃」に対応するものである。そもそも「弾道ミサイル防衛」はアメリカの戦略である。アメリカは米本土へのミサイル攻撃を阻止し、みずからのミサイル攻撃能力の増強をすすめてきた。その兵器も、イージス艦やPAC3ミサイルなどほとんどがアメリカ製である。ロシアや中国なども「ミサイル防衛」用の兵器を開発しているが、実戦配備しているのは限られている。日本政府は、この「米本土防衛」というアメリカの戦略に従って、これらの兵器の購入を促進してきた。アメリカ政府は、「日本は最大の顧客」と大賛辞を贈ったほどだ。「イージス・アショア」の購入と配備は、安倍政権が臆面もなく、本格的な「米国防衛」を公約し、乗り出したことを示している。

◆核廃絶とミサイル削減こそ、真の「ミサイル防衛」

「ミサイル防衛」は、いまだ開発途上の兵器であり、技術的にも「未完成」の兵器である。その配備を強行してきたのが歴代アメリカ政権である。

「ミサイル防衛」はそもそも、1970年のABM(対弾道ミサイル)条約に端を発している。米ソが核ミサイルの軍拡競争を拡大し、核戦争の危機が強まってきたことから、それぞれが誤って発射されたミサイルを撃ち落とす迎撃ミサイルをそれぞれ2発配備するという条約である。

その後レーガン政権は、核軍拡競争をさらに拡大するとともに、「ミサイル防衛」兵器を宇宙に配備する計画をすすめ、「スター・ウォーズ」(宇宙戦争)と呼ばれた。

アメリカは、この「ミサイル防衛」に1兆ドル《ドル》(約120兆円)という膨大な資金を投入してきたが、いまだ完成に至っていない。アメリカ政府ミサイル開発庁で、「ミサイル防衛」兵器の開発に長年携わってきたフィリップ・コイル氏は、「いま強行されている『ミサイル防衛』は、翼や着陸装置のない軍用機を実戦投入するようなものだ」(「毎日」2004年5月15日付)ときびしく批判した。アメリカの「憂慮する科学者同盟」のリスベス・グロンランド共同代表は、「予見できる将来、米国が現実世界で長距離ミサイルを防衛できる防御システムを開発できる見通しはほとんどない」と議会で証言した。また、軍事ジャーナリストの神浦元彰氏は、ＰＡＣ３について、「撃ち落とす確率は5年続けて1億円の宝くじに当たるのに等しい」（「沖縄タイムス」２０１０年4月5日付）とのべた。

「イージス・アショア」も同様に、本当にミサイルを撃ち落とすことができるか、多くの疑問符がついている。実際、イージス艦も本物の弾道ミサイルを迎撃した実績はない。迎撃訓練をおこなっているが、防衛省の発表では、成功した確率は約60％と報告された。しかし、撃ち落とさなければならないのは核弾頭を搭載した弾道ミサイルである。失敗したら1発でもアメリカ本土の大都市を吹き飛ばす破壊力がある。

「イージス・アショア」には、射程２０００キロというＳＭ３ブロックⅡという迎撃ミサイルが搭載される。防衛省は、これによって2基の「イージス・アショア」で日本全土をカバーできると説明している。しかし、この迎撃ミサイルは、すでに5回の発射実験をやっているが、２回は標的なしの訓練で、本格的に成功したのは1回だけである。このような未だ成功していない兵器を自衛隊が高額な予算で〝先買い〟し、配備してよいのか、重大な疑問である。歴代日本政府が整備を始めた２００４年からの14年間で、「ミサイル防衛」予算は2兆円を突破した（「毎日」17年12月13日付）。

安倍内閣は、「日本の安全保障環境が不透明」、つまり北朝鮮の核・ミサイル開発を理由に導入をすすめている。しかし、配備は２０２３年度であり、現在の情勢にはまったくそぐわない。しかも、南北首脳会談で、朝鮮半島の「非核化」が合意されたように、北朝鮮情勢は平和解決の方向に大きく変化している。

これらの事実は、本当の「ミサイル防衛」は、軍事態勢の強化では実現できないことを鮮明にしている。核ミサイルの脅威から人類を解き放つためには、核兵器廃絶と弾道ミサイルの大幅削減しかない。日本がアメリカの「ミサイル防衛」体制に与するのではなく、世界で唯一の被爆国としての独自の外交を展開し、核廃絶の先頭に立つことである。国連で成立した核兵器禁止条約の批准に向け、国際的なイニシアチブを発揮すべきである。

◆「殺し、殺し合う」訓練の激化

第三は、自衛隊を「戦争のできる軍隊」に変貌させる訓練が常態化したことである。

陸上自衛隊の軍事訓練では、最近にはない戦争・戦闘を想定した実戦的な訓練が本格化している。敵軍を設定した「対抗部隊訓練」による「殺し、殺し合う」訓練である。

陸上自衛隊は、イラク戦争を前後して、「近接戦闘訓練」を重視し始めた。自衛隊はこれまで的を狙った小銃の射撃訓練や砲撃訓練をおこなってきたが、「近接戦闘訓練」は相手の目と目が合う近距離で〝殺し合う〟ための訓練である。全国の演習場に「都市型戦闘訓練場」を建設し、全国の普通科連隊の隊員を動員しての訓練を開始した。これまではベトナムなどのジャングル戦闘訓練であったが、イラクやアフガンなどの都市部での戦闘を想定しての訓練である。北海道の東千歳、宮城県の王城寺原、静岡県の東富士、滋賀県のあいば野、宮崎県の霧島の演習場に設置し、全国ほとんどの自衛隊駐屯地に簡易の都市型訓練場が置かれた。

これらの演習場には、規模の違いはあるもののマンションやホテル、郵便局などを模したビルが林立し、大人が立って歩ける地下道が張り巡らされている。自衛隊はここで〝殺すか、殺されるか〟の戦闘訓練をおこなっている。

自衛隊の部隊は4～5名の小隊規模で、これらのビルに立て

陸上自衛隊の市街地訓練

写真：防衛省サイト内、各連隊の「教育訓練活動」

こもるテロリストを撃滅する作戦を展開する。銃からは赤外線ビームが発射され、テロリストとの銃撃戦をおこなう。現地に置かれた指揮所にはコンピュータが置かれ、頭に命中すれば「死亡」、手足に命中すれば「負傷」とコンピュータに表示される。こうした実戦さながらの銃撃戦がおこなわれている。

これをさらに野戦、つまり山林・原野を戦場に見立てておこなう実戦訓練が山梨県北富士演習場に置かれたＦＴＣ(Fuji Training Center)である。ＦＴＣというと一見、施設のように見えるが、実態は、アグレッサー（侵略）部隊という敵部隊となる陸上自衛隊富士学校訓練評価隊、評価支援隊全体の訓練センターのことである。全国の部隊は、ここに自衛隊の歩兵部隊である「普通科連隊」を送って、敵部隊との「対抗戦」「交戦訓練」をおこなう。「バトラー」といわれるレーザー交戦装置を装着して、撃つか撃たれるかの訓練をくり広げるのである。ここでは都市型訓練場と違って、小銃だけではなく、機関銃、無反動砲、戦車、迫撃砲、対戦車ミサイルなどにこの装置がつけられた。実戦と限りなく近い戦闘、戦争訓練をおこなうのである。これを評価隊が「評価」するしくみである。

◆〝米軍仕込み〟の訓練

これらの訓練や訓練装置は、自衛隊が独自に開発したものではない。米軍から仕込まれて米軍の戦術を学ぶための訓練である。

敵部隊となる陸自富士学校訓練評価隊１８０名は２０１３年12月、カリフォルニア州フォートウィンの砂漠演習場でおこなわれた米軍の「アイアンフィスト」（鉄のこぶし）演習に参加した。アメリカの「殴り込み部隊」である米陸軍第1軍団や米海兵隊から実戦訓練を受けるためである。日本のジャーナリストの取材記事は、つぎのようにレポートした。

「敵が潜む街を米側が攻撃することになった。まずは敵の陣地へとストライカー旅団が迫撃砲を撃ち込んでいく。街からバーン、バーンという音とともに白煙が上がる。さらに空からは攻撃ヘリ部隊が攻撃を仕掛ける。今回は米海兵隊からＦＡ18が空爆することもあった」（「軍事研究」２０１４年５月号、菊池雅之論文）

ＦＴＣは、こうした〝米軍仕込み〟の戦闘技術を自衛隊に伝授する部隊である。リアルな戦場体験ばかりか、「殺し、殺し合う」訓練が強行されている。また、北海道の真駒内基地から参加した第11旅団のホームページは、真駒内演習場から海上機動を含む約１０００キロ以上の長距離移動訓練をおこない、ＦＴＣで実戦的な演習をおこなったことを伝えている。海外への侵攻能力を想定した訓練が強行されているのだ。

自衛隊は、日本では公開できない、無法な戦闘訓練を海外で多数おこなっている。オーストラリアのクイーンズランド州ショール・ウォーターベイ演習場でおこなわれた「サザン・ジャッカルー」（南のジャッカル）演習では、米海兵隊や豪軍との三国演習がおこなわれ、市街地戦闘訓練や銃撃戦など戦争さながらの演習がおこなわれた。海兵隊から「戦闘指導」を受け、「戦える自衛隊」へ軍隊の本性をあらわにした変身がすすんでいる。

自衛隊がこのような「殺し、殺し合う」訓練をはじめたことは、きわめて重大である。日本の先の戦争においても、イラク戦争においても、人間を殺りくする行為は戦争といえど並みの人間の訓練ではできない。いたずらに自衛隊員を戦争準備に駆りたてる行為は絶対に認められない。他国の軍隊に踊らされての訓練は断じてやめるべきである。

◆「日本版」海兵隊の新編と「殴り込み」能力の強化

敵基地攻撃能力の増強や海外での戦闘訓練の強化と相まって、自衛隊の基地態勢や編成も自衛隊の「殴り込み」態勢を強化する方向での再編が強行された。

2018年3月27日、長崎県佐世保市の自衛隊相浦基地で、日本版海兵隊「水陸機動団」の発足式がおこなわれた。「水陸機動団」は、兵員約3000名、3個の水陸機動連隊をもち、第1～2連隊が相浦に、第3連隊が沖縄に配備される計画である。青木団長は、「世界に冠たる水陸両用部隊を目指して職務にとりくむ」とのべた。この「水陸両用部隊」とは、海から陸上への上陸作戦を展開する、いわゆる「殴り込み部隊」である。米海兵隊は以前「水陸両用戦軍」と称していた。

防衛省は、「水陸機動団」は「島嶼防衛」として日本の島が他国によって占領された場合、その奪還作戦をおこなうために編成したと説明している。しかし、その目的は、米海兵隊と一体化して、他国への「水陸両用戦」、つまり上陸作戦を敢行する専門部隊である。それは、「水陸機動団」が「日本版」海兵隊といわれる所以である。

「水陸機動団」には自衛隊が導入するオスプレイが配備される。海兵隊の輸送機オスプレイは、海兵隊内部で「21世紀の革命的輸送機」と呼ばれ、他国への侵攻能力を強化するために開発された輸送機である。攻撃能力はもっていないが、武装した海兵隊員を25名乗せ、低空で他国に侵入することができる。「水陸機動団」へのオスプレイ配備は、米海兵隊と肩を並べて他国への侵攻能力を強化するもので、自衛隊の「殴り込み」能力を強化するものである。

自衛隊はまた、他国への上陸作戦を強行するため、AAV7水陸両用車52両の導入を決めた。AAV7は、米軍がベトナム侵略戦争や湾岸戦争などで使用した「水陸両用作戦」、つまり強襲上陸作戦の切り札である。沖縄の米海兵隊は、キャンプ・シュワブや北部訓練場などでこれらの訓練をおこなっている。

◆他国に侵攻する上陸作戦の訓練

自衛隊は現在、こうした上陸作戦用の兵器を導入する一方で、実際の米軍による上陸作戦訓練に「見学」「研修」の名で参加し始めた。２０１５年度の防衛省資料によると、4月、自衛隊海外派兵専門部隊である陸自中央即応集団特殊作戦群10名が、沖縄県読谷村のトリイ・ステーションに配備された米第一特殊作戦群から訓練を受けた。同月、陸自西部方面隊40名がキャンプ・ハンセンで、「米海兵隊の水陸両用訓練を研修」した。

このように自衛隊が、米海兵隊や特殊作戦部隊から戦法を伝授され、強襲上陸作戦という他国への侵攻作戦計画に乗り出したのである。

香田洋二元海上自衛隊自衛艦隊司令官は、国会での証言で、自衛隊の「上陸作戦」や「水陸両用作戦」について次のようにのべた。

「そういう上陸作戦能力というのは、実はつい10年前まではタブーだったんですね。なぜかといいますと、海外派遣に、派兵につながるということで、戦略的輸送能力、大規模な、あるいは水陸両用作戦能力というのについてはタブーだったのが、環境の変化で、島嶼防衛ということ、恐らく、に限ってということ、条件が付いていると思いますけれども、誰もいいませんけれども、これは国民が容認するところだろうと」（参院外交防衛委、２０１４年4月8日）

自衛隊は、憲法上「タブー」とされてきた海外の他国への上陸侵攻作戦に本格的に乗り出しはじめた。この「タブー」が、一見国民受けする「島嶼防衛」という口実で打ち破られようとしている。

自衛隊統合幕僚監部は17年6月13日、「日米水陸両用将官級会議」（ＢＡＳＧ＝Bilateral Amphibious Steering Group）を開き、米軍と自衛隊が一体となって水陸両用戦の訓練を強化することを打ち出した。会議報告は「水陸両用作戦に係る運用や訓練の検討の方向性を日米間で案出することを目的」とし、「来年3月の水陸機動団の新編を見据え、米軍とのより緊密な連携を図るとともに、陸海空自衛隊が一丸となって島嶼部に対する攻撃へ対処する能力の向上に努める」としている。また、水陸機動団には、「日米共同部」が設置され、米軍との一体化が強化されている。

◆「島嶼防衛」は中国に対する包囲網戦略

「水陸機動団」の編成と同時に、安倍政権は「島嶼防衛」とか「南西諸島防衛」という名目で、佐世保、奄美大島（鹿児島県）、宮古、石垣、与那国の沖縄・先島諸島への自衛隊配備計画を強行している。中国本土を大きく包囲する形での自衛隊基地配備である。防衛省は、宮古島・石垣間の中国艦船の監視活動とも説明している。

与那国にはすでに「沿岸監視隊」が配備され、約150名の自衛隊員が配備された。奄美、宮古、石垣には、地対艦、地対空ミサイル部隊と警備部隊が配備される。それぞれ500〜800名の自衛隊員の配備である。これらは、ミサイル部隊を配備した中国包囲網戦略である。

新「日米ガイドライン」は、「自衛隊は、島嶼に対するものを含む陸上攻撃を阻止し、排除するための作戦を主体的に実施する」「米軍は、自衛隊の作戦を支援し及び補完するための作戦を実施する」ことで合意した。防衛省は、『島嶼防衛』は自衛隊が主体的に実施することになった」と説明した。しかし、それは根拠のない口実に過ぎない。自衛隊による中国包囲網戦略は、アメリカの戦略にもとづく自衛隊の軍事分担に過ぎない。

自衛隊による中国包囲網戦略は、日本の対中国外交にきわめて暗い影を落としている。アメリカは、中国との外交上、こうした軍事威嚇行動には慎重である。軍事と外交を使い分けて対応している。しかし、安倍政権は「軍事一辺倒」の対応である。こうしたことが対中貿易といった日中の経済関係ばかりでなく、中国との友好関係に悪影響を及ぼすことは必至である。

防衛省はまた、2018年4月に、陸上自衛隊の再編として、「陸上総隊」を新編したことを明らかにした。陸上総隊は、これまで自衛隊海外派兵専門部隊であった中央即応集団を再編したもので、陸上自衛隊「殴り込み部隊」の新編である。その構成は、「水陸機動団」を筆頭に、パラシュート部隊である第一空挺団、拉致や暗殺活動を任務とする特殊作戦群、第一ヘリ団など海外派兵部隊の精鋭部隊である。

陸上総隊の新編は、陸上自衛隊全体を海外派兵型の自衛隊に変えるねらいがある。これまで陸上自衛隊は、6つの方面隊に分かれ、それぞれが防衛大臣の隷下にあった。今回の再編によって、方面隊は総隊の隷下にもなる。今回の改編によって、自衛隊幹部は、「戦前の軍隊の教訓から、自衛隊を6つの方面隊に分けて大臣の直轄とした。元自衛隊幹部は、陸上総隊の力が増し、『文民統制』（シビリアン・コントロール）がとれるのか疑問だ」との批判の声が聞こえている。

この改編はまた、海外派兵型を志向していると同時に、米軍との共同作戦態勢を強化・拡大していくねらいがある。つまり、陸上自衛隊の指揮態勢を「陸上総隊」に一元化することによって米軍との一体化が促進できることになる。

◆アメリカの宇宙戦略に組み込まれる

2018年度予算は、自衛隊がアメリカの宇宙支配戦略にガッチリと組み込まれ、本格的に宇宙までの軍拡に踏み出したことを鮮明にした。

宇宙開発は多くの国民の夢であり、とくに若い人々にとっては未来へはばたく希望である。歴代自民党政権は、「宇宙の軍事利用禁止」という国連決議に沿って、1969年5月9日、「平和目的に限る」という国会決議をおこない、宇宙の平和利用をすすめてきた。アメリカやロシアなどと協力し、宇宙や天体、惑星の調査研究をすすめてきた。宇宙飛行士も輩出してきた。憲法の平和原則にそった宇宙の利用であった。

ところが安倍内閣は、こうした国民の願いを逆手にとって、宇宙の軍事利用拡大をすすめている。いわゆる「情報収集衛星の整備」という理由でのスパイ軍事衛星の運用である。

自民党政権は2008年、宇宙基本法を強行し、宇宙の開発利用は「我が国の安全保障に資するように行わなければならない」とし、「安全保障」、つまり軍事利用に公然と踏み出した。これを受け継いで協力に推進したのが安倍内閣であった。

安倍内閣は、2015年1月9日、「第3次宇宙基本計画」を策定し、つぎにように明記した。

「宇宙システムは、米国の抑止力の発揮のために極めて重要な機能を果たしており、万一、これが劣化・無力化され、アジア太平洋地域に対する米国のアクセスが妨げられることになれば、米国の抑止力は大きく損なわれることになる」

つまり、アメリカの宇宙支配戦略を〝肩代わり〟するために、日本が宇宙戦略の一翼をになうとの宣言である。

アメリカは現在、「スペース・シャトル」計画の継続を断念する一方で、世界の軍事情報を常に監視するスパイ偵察衛星や世界を股に掛けた軍事通信網を建設するための通信衛星を打ち上げている。自衛隊はこれまで、これらを利用してきたが、「米国の抑止力」を支えるため、自前の軍事衛星の打ち上げを開始した。これらは単に「情報収集」ばかりではない。スパイ情報衛星を利用し、指揮、統制、通信、監視、偵察などのC4ISR（Command Control Communication Computer Intelligence Survey Reconnaissance）を強化するためである。自衛隊が海外で戦争するため、米軍と一体となった自衛隊の世界規模の軍事通信態勢の強化である。

この軍事分担にもとづいて、2018年度の宇宙開発予算では、文科省予算（1524億円）や内閣官房予算（619億円）とともに防衛省予算が14・6％増の340億円と急増した。財政赤字が叫ばれる中、ダントツの増強ぶりである。文科省予算は主に宇宙の平和利用関連であるが、内閣官房予算は、国内の治安対策を担当しスパイ機構といわれる内閣調査室（「内調」）が中核を握る軍事スパイ衛星の整備予算である。現在4基のスパイ衛星から10基の衛星を打ち上げる計画である。防衛省は、衛星通信を利用しての戦争司令部を強化する計画である。

◆米軍F35の整備工場まで建設する

第四は、安倍軍拡政治は、アメリカの米軍需産業と完全に一体化し、米軍の兵站態勢、整備工場の建設にまで拡大したことである。F35Aの導入と「リージョナル・デポ」（国際的整備拠点）の日本での建設は、このことをはっきりと示している。

「リージョナル・デポ」は、F35の整備・補給のため全世界に建設される軍需工場のことで、アジア・太平洋地域では、日本とオーストラリアに建設された。機体部門は航空自衛隊小牧基地に隣接する三菱重工小牧南工場に、エンジン部門は米軍横田基地に隣接するIHI（石川島播磨重工）瑞穂工場に、通信関連部門は三菱電機に建設された。

F35A戦闘機は最新鋭のステルス戦闘機であるが、この開発は米国防総省ばかりでなく、9カ国の共同開発・生産機である。これらの国が、米政府と主契約者であるロッキード・マーチンを中心に、全世界規模で整備・補給の態勢を確立したのである。「リージョナル・デポ」では、F35の部品が製造され、これを全世界で〝融通〟できるしくみがつくられた。

日本は「リージョナル・デポ」を受け入れたことによってどのような負担とリスクを負ったのか。

ひとつは、F35A導入価格の高騰である。「リージョナル・デポ」の建設に国民の税金が投入された。三菱重工には約852億円、IHIには426億円、三菱電機には約101億円の防衛予算が投入された。その結果、F35Aの購入価格は、

ステルス戦闘機 F35A ライトニングⅡ

※全長 15.4m、全幅 10.7m
写真：防衛省広報（HP）より

2012年度は1機当たり約96億円であったが、5年後の2016年度には約181億円に跳ね上がった。国民の税金が、日米の軍需産業に惜しげもなく投入されたのである。

二つめは、日本がアメリカの戦争態勢、とくに兵站部門で米軍の態勢に組み込まれたことである。「リージョナル・デポ」は、自衛隊のF35Aばかりではなく、米軍のF35A・Bなどの修理、整備もおこなう。他国のF35にも部品を提供する。これは平時とも戦時とも限定はない。アメリカの戦争においても日本政府と軍需産業がこれらの整備を担当することになる。日本が後方支援部門でアメリカの戦争に自動的に参戦する態勢に組み込まれたのである。（143ページ「F35Aの製造と維持管理」参照）

三つめは、部品提供システムによって日本の武器輸出も野放しになり、日本が「死の商人」の一翼を担うことになったことである。菅官房長官は、2013年3月1日、「武器輸出三原則等によらないこととする」との談話を発表し、「武器輸出ではない」と強弁した。しかし、戦闘機の部品が「武器ではない」と言える訳がない。

F35A導入と「リージョナル・デポ」の建設は、日米の軍需産業が大きなメリットを得る以外のなにものでもない。日本国民の負担が増え、日本が製造した武器・部品で、世界の国民や子どもたちを殺りくすることが許されていいはずがない。

◆オスプレイの整備工場の建設

「リージョナル・デポ」の建設と同時に、陸上自衛隊木更津基地（米軍との共同使用）にオスプレイの整備工場も建設された。防衛省は、「日米共通整備基盤」として、米海兵隊MV22オスプレイと自衛隊オスプレイの整備工場を建設することを発表し、富士重工が主契約者となった。

これまで在日米軍は、戦闘機やヘリなどの機体のオーバーホールを含む「重整備」については基本的に米本土で実施してきた。しかし、重整備の都度、本土に帰還するのでは軍事即応態勢に支障が出

F35A（ステルス戦闘機）の製造と維持管理

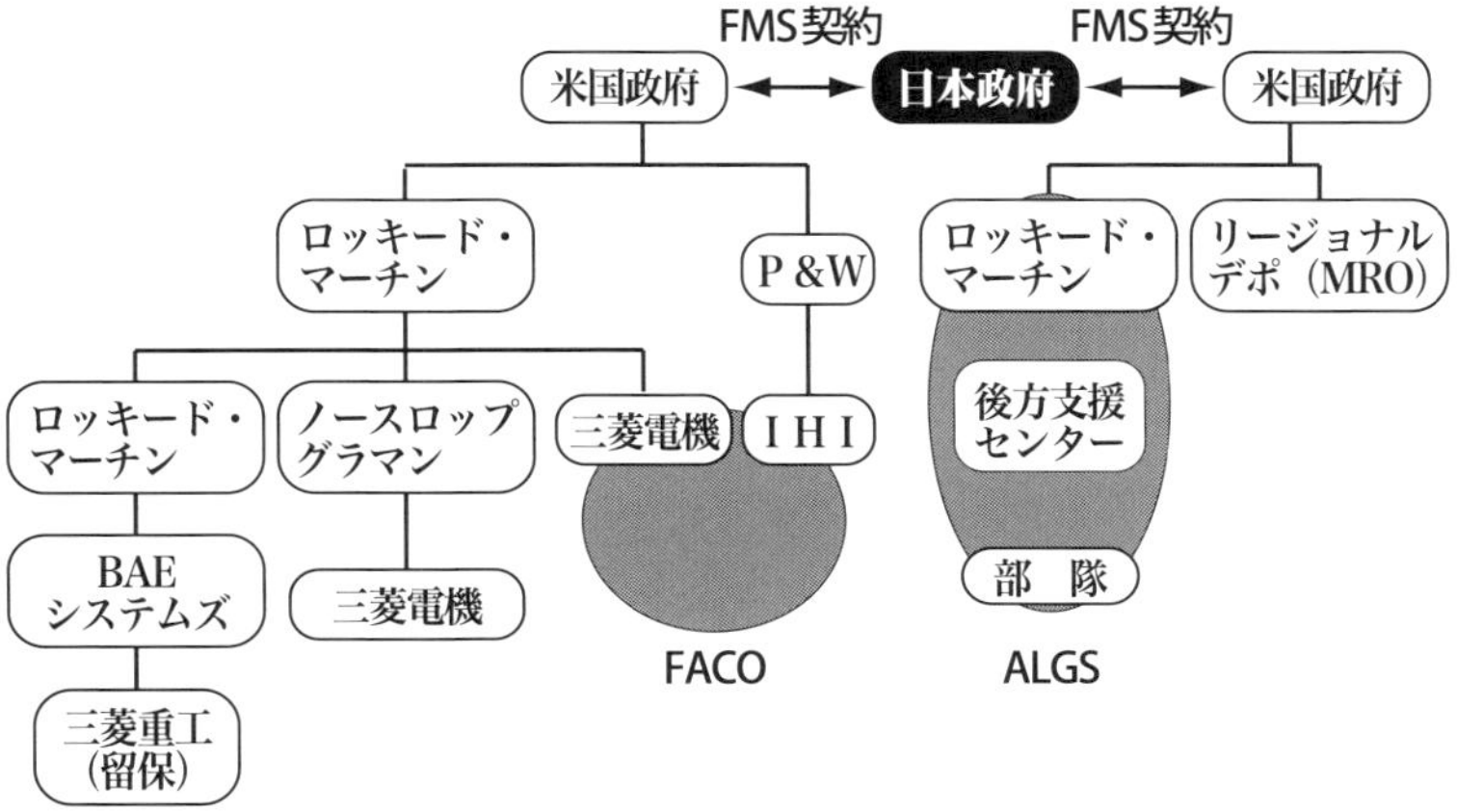

資料：「軍事研究」2015年11月号―吉岡秀之　元航空自衛隊補給本部の論文から

年　度	総　額	F35A 購入予算	単価	国内企業参画に伴う初度費	その他関連経費
2012年	約600億	約384億（4機分）	約96億	―	約191億
2013年	約1332億	約280億（2機分）	約140億	約856億	約195億
2014年	約1443億	約636億（4機分）	約159億	約444億	約363億
2015年	約1390億	約1032億（6機分）	約172億	約177億	約181億
2016年	約1393億	約1086億（6機分）	約181億	―	約307億

資料：防衛省資料より

ること、財政上の負担が増えることなどの理由から日本国内に整備拠点を設置することにした。つまり、米軍の軍事即応態勢を強化する〝米軍いいなり〟の計画である。同時に、この建設は、「リージョナル・デポ」と同様、自衛隊基地を米軍の「後方支援」、兵站基地として利用することができる。これは、アメリカの戦争時にも使うことができ、米海兵隊にとっては、使い勝手のいい整備工場を日本国民の税金を使って手に入れることができたという〝一石二鳥〟の計画である。

安倍内閣・防衛省は、日本が世界で唯一オスプレイを導入することを理由に、この建設容認に踏み切ったが、千葉県や首都圏では、オスプレイの墜落事故などの危険が拡大することになった。米軍は、テスト飛行は木更津基地の場周経路を使用すること、航空機モードでのテスト飛行は相模湾までの往復ルートを使うことを明らかにした。しかし実際、米軍は整備1号機を17年1月に工場に送ったが、18年12月末現在、「完了」のサインが出ておらず、整備が1年以上もかかるという醜態をさらけだした。欠陥機オスプレイの危険と国民の不安は、さらに拡大している。

FMS調達実績および予算額

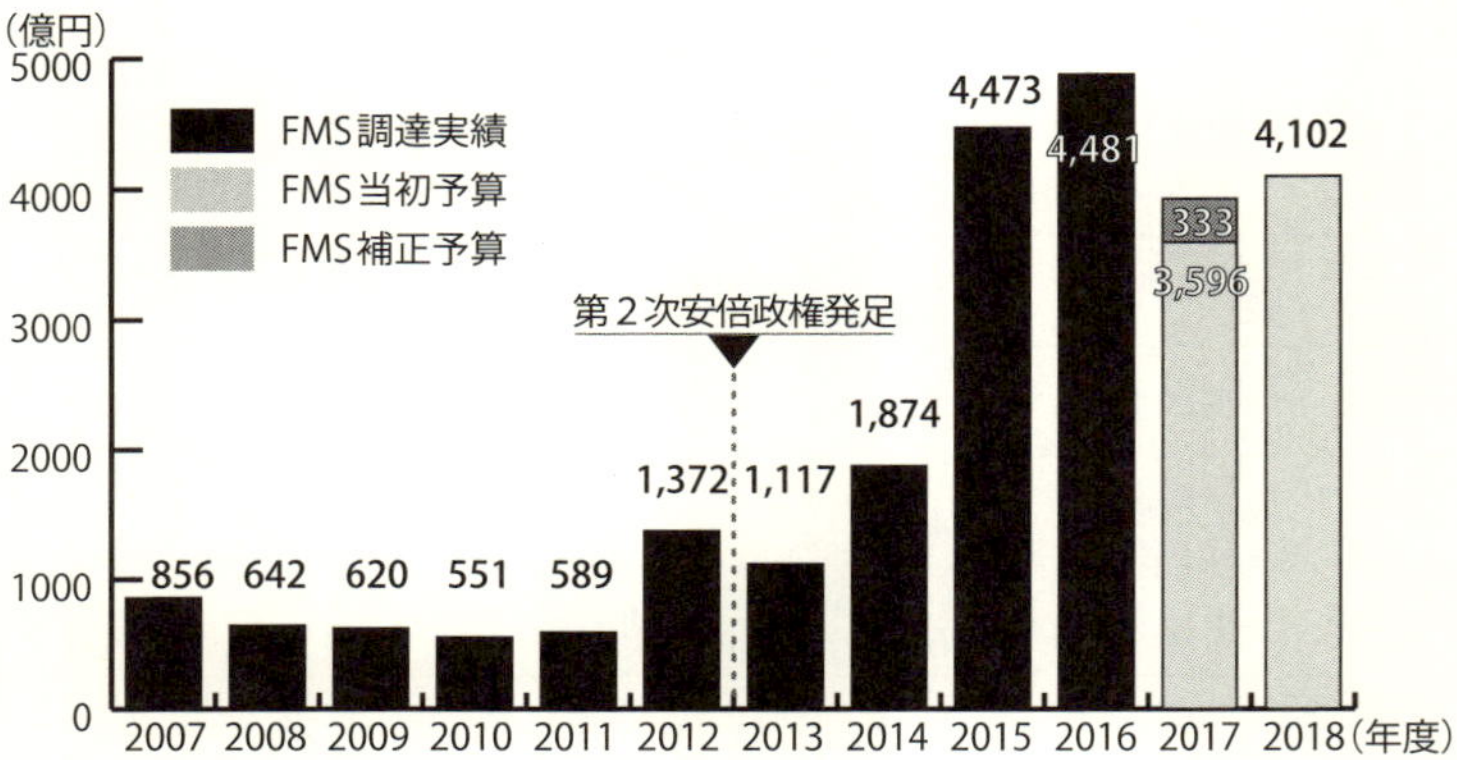

注1）17年度は予算、18年度は予算案。計数は契約ベース。
注2）SACO関係経費、米軍再編関係経費のうち地元負担軽減分及び新たな政府専用機導入にともなう経費を除く
資料：防衛省資料から作成

◆「米国第一」を貫く安倍軍拡の異常性

安倍内閣の「防衛」予算は、これまで歴代自民党政権が追求してきた軍拡政治とは異質に、「米国第一」を最大限に貫いたところに最大の特徴がある。マスコミは、「米国に食われる血税　防衛費過去最高5兆円」（「週刊朝日」16年3月18日付）と指摘した。その実例は、アメリカのFMS（Foreign Military Sale「軍事商取引」）の急増にあらわれている。

FMSは、安保条約にもとづく日米相互防衛援助協定（MSA協定）にもとづくもので、アメリカ政府が軍事同盟国や友好国に武器を「有償」で売却する「軍事援助」のことである。この調達は、一般の商取引と違って、価格や取引条件がアメリカの法律によって決まっており、すべてアメリカの言い値で取引がおこなわれるしくみとなっている。アメリカの武器輸出管理法によると、①取引価格は米国の見積もり価格による、②代金は前払い、③出荷予定は米国が判断する、となっている。

歴代米政権は、日米軍事同盟にもとづき、日本の軍需産業を育成するために、「FMS調達」と「ラ

防衛省中央調達の実情

■2014年中央調達上位30社〔上位5社のみ抜粋〕

順位	契約企業名	件数	金額（億円）
1	三菱重工業（株）	213	2,632
2	川崎重工業（株）	156	1,913
3	米国政府	203	1,807
4	日本電気（株）	287	1,013
5	ANAホールディングス（株）	1	928

■2015年中央調達上位30社〔上位5社のみ抜粋〕

順位	契約企業名	件数	金額（億円）
1	米国政府	209	4,412
2	川崎重工業（株）	118	2,778
3	三菱重工業（株）	178	1,998
4	（株）ＩＨＩ	37	1,147
5	三菱電機（株）	94	1,083

■2016年中央調達上位30社〔上位5社のみ抜粋〕

順位	契約企業名	件数	金額（億円）
1	米国政府	191	4,735
2	三菱重工業（株）	217	4,532
3	川崎重工業（株）	116	994
4	日本電気（株）	261	905
5	富士通（株）	138	783

資料：防衛装備庁資料

イセンス国産」の2本立てで対応してきた。「ライセンス国産」とは、米軍が機密とする「ブラック・ボックス」以外を日本の防衛産業が生産し、組み立てて防衛省に納入する制度である。日本の防衛産業は、米軍需産業にライセンス料やロイヤリティ（特許料）を支払うが、一定の儲けが見込まれ、技術力を取得できる制度であった。例えば、F15戦闘機は213機が導入されたが、そのほとんどがライセンス国産で三菱重工、川崎重工、IHI（石川島播磨）などが受注した。

ところが次期主力戦闘機F35Aの導入からは、ライセンス国産ではなく、組立てだけの分担となった。ほとんどがFMS調達である。それは、アメリカの国防費削減で米軍需産業が日本の防衛産業に仕事を回す余裕がなくなったこと、また、F35のステルス機能という軍事機密、軍事技術の流出を防止するためとされている。つまり、米政権や軍需産業が生き残りを賭けて、なりふり構わぬ対応に出たのである。

この結果、FMSが異常に肥大化した。これまでのFMS実績は、2013年度1117億円、14年度1874億円であったが、15年度からは4000億円に急膨張し、16年度には過去最高の4881億円と跳ね上がった。

民主党政権で防衛大臣を務めた森本敏氏は著書の中で、「ちなみに平成20年代の前半まではFMSによる調達は、年に500〜1000億円ほどでした。ところが27年度の計画額は4700億円といわれています。防衛省の調達額が1兆4000億円ですから、その4000億円がFMSとなれば、27年度の国内調達額は3割減になるのです」（『防衛産業とその将来　防衛装備庁』海竜社）とのべた。

その結果、「防衛省中央調達主要30社」のデータは、2014年はトップが三菱重工業であったが、15年度からは「米国政府」がトップとなり、16年度から3年連続でトップを維持した。兵器購入を通じて、日本国民の税金が米国政府に還流し始めたのである。これは日本の防衛産業にとっても大きな〝痛手〟である。

今日の事態は、日本がアメリカ政府の兵器生産、売却にまでに日本国民の税金を投入するというきわめて異常な段階に突入した実態を示している。

◆日本の財政を硬直化させる軍備拡張

「米国第一」ばかりを追求する安倍軍拡政治は、日本の財政をも「硬直化」させ、国民のくらし・福祉、医療、年金などに深刻な危機をもたらそうとしている。

防衛予算はそもそも、「軍備拡張」のからくりをもっている。「後年度負担」（「国庫債務負担行為」）というからくりである。

18年度予算は5兆円を突破したが、新規にうみだされた「後年度負担」額は、2兆1164億円、規定分を加えると5兆768億円と初めて5兆円を突破した。つまり、実際の防衛予算は、この「後年度負担」を合わせたものである。

「後年度負担」は、文字通り、次年度以降に支払われる予算である。防衛予算の場合、兵器の大半が調達まで5年程度かかることから、支払いもいわゆる〝ローン払い〟である。F35A戦闘機でいえ

防衛予算と中央調達額の推移

年度	防衛費（億円）	中央調達額（億円）	中央調達額比率（%）
2000年	49,358	12,595	25.5
2001年	49,553	12,687	25.6
2002年	49,560	12,792	25.8
2003年	49,527	12,732	25.7
2004年	49,026	13,062	26.6
2005年	48,560	13,738	28.3
2006年	48,136	13,226	27.5
2007年	48,013	13,034	27.1
2008年	47,796	13,820	28.9
2009年	47,741	12,627	26.4
2010年	47,903	11,732	24.5
2011年	47,752	14,716	30.8
2012年	47,138	15,287	32.4
2013年	47,538	12,693	26.7
2014年	48,848	15,717	32.2
2015年	49,801	18,126	36.4
2016年	52,426	18,397	35.0

資料：防衛装備庁資料

ば、今年度の6機分の18年度計上額は0（ゼロ）円である。1機当たり180億円（16年度）であるから約1000億円の予算を残り4年間で支払うしくみである。防衛省は、このからくりを〝駆使〟することによって兵器の〝爆買い〟ができることになった。これは米国の「ローリング・バジェット・システム」を採用したもので、防衛予算を雪だるま式に増額できる。

財務省の財政審議会の報告は、この「後年度負担」（国庫債務負担行為）について「防衛装備品の調達等は複数年度にわたるものが多く、国庫債務負担行為などを通じて歳出化経費として後年度の負担となり、その割合が増加していけば予算の硬直化を招きかねない」と指摘している。

しかも防衛予算に計上された兵器は海外派兵用が中心で、高額な兵器を次々と導入しているのが実態である。アメリカのロッキード・マーチン社製のF35Aは、前述したように「敵基地攻撃能力」をもつ最新鋭のステルス戦闘機である。安倍内閣はこれを42機購入する計画で、米議会調査局報告によれば総額1000億ドル、日本円で1兆2000億円という高額である。F35は、平成24年度予算（2012年度）で1機当たり約96億円であったが、16年度予算では180億円の2倍に跳ね上がった。防衛省は「整備拠点」（リージョナル・デポ）の費用を含んでいるとしているが異常な値上がりである。トランプ大統領は、高額なF35の単価引き下げを要求した。しかし、日本政府は、米政府のいいなりで価格上昇に何らの手も打てないのが現状である。

防衛予算の増額による財政の硬直化は、国民のくらしを圧迫することは必至である。これまでも「子どもやお年寄りへの『思いやり』はないがしろにして、米軍にばかり『思いやり』する予算だ」ときびしく批判されてきた。医療費や年金、介護などの予算がどんどん切り詰められていく中で、防衛予算だけが突出していいのか、という国民世論は大きく高まっている。さらに2019年度は消費税が10％に増税されようとしている。くらしは切り詰められる一方である。

「イージス・アショア」2基を中止すれば、学生の給付型奨学金（年額36万円）を14万人に支払うことができる。オスプレイを3機削れば、認可保育園285カ所を建設でき、待機児童2万6000人が解消される。軍事費を大幅に削れば、お年寄りや子どもたちのくらしと教育に予算を回すことができるのである。

朝鮮半島の平和の激動の中、あらためて軍事費の大幅削減を実現するときである。

◆「大軍拡」宣言となった「防衛計画の大綱」

安倍内閣は、2018年12月18日、「防衛計画の大綱」と「中期防衛力整備計画」(2019年~23年)を閣議決定した。「防衛大綱」は、「防衛力強化にあたっての優先事項」のなかではじめて、「格段に速度を増す安全保障環境の変化に対応するために、従来とは抜本的に異なる速度でおこなわなければならない」と明記した。

安倍政権は2012年の就任以来の6年間の政治の中で、5年連続、5兆円を突破する「防衛」予算、つまり軍事予算を投入してきた。これ自体、突出すべき軍拡計画である。欧州では、NATO(北大西洋条約機構)軍事同盟加盟国でも、多くの国が軍事費の削減をおこなっている。ところが、トランプ政権の圧力の中、安倍政権は、軍拡政治に走ってきたのである。

ところが「防衛大綱」は、これをさらに加速し、「従来とは抜本的に異なる速度」で軍事力増強を強行するというのである。

1月からの通常国会に提出された2019年「防衛」予算は、この「従来とは抜本的に異なる速度」が「大軍拡」計画であることを鮮明にした。

安倍内閣は、「中期防」と同時に、アメリカのステルス戦闘攻撃機F35を105機購入することを閣議決定した。すでに決定済みの42機を加え、147機の導入である。アメリカの同盟国の中でもダントツの導入数である。維持整備費を含めると、1兆5965億円という膨大な金額となる。しかも、このＦ35を含むアメリカからの直接輸入による兵器導入であるＦＭＳ（外国軍事売却）は、過去最高の７０１３億円、２０１８年度の４１０２億円のなんと1・7倍である。〝アメリカによる、アメリカのための〟「軍拡」予算である。

安倍内閣は、「安全保障環境の変化に対応する」とし、「大軍拡」の理由に、周辺諸国の脅威をあげている。

しかし、すでに詳述したように、米朝首脳会談で朝鮮半島の非核化など平和の激動が生まれている。中国の習近平主席と安倍首相との首脳会談でも「お互いの協力のパートナーであり、互いに脅威にならない」と合意している（18年10月26日）。大軍拡の理由は、まったくの口実に過ぎないのである。安倍内閣の大軍拡は、消費税10％増税など国民の暮らしを直撃するものであり、断じて許されない。

② ９条改憲と「日米同盟の強化」

「日米同盟強化」による「安保法制」発動と自衛隊の大増強がすすむなか、安倍・自民党政権は、憲法９条改憲に本格的にのりだした。

安倍首相は、２０１７年5月3日の憲法記念日の読売新聞紙上で、憲法９条の「改正」をすすめる考えを表明し、改憲案の基本を提案した。

「９条については、平和主義の理念はこれからも堅持していく。そこで例えば、1項、２項をそのまま残し、その上で自衛隊の記述を書き加える。そういう考え方もある中で、現実的に私たちの責任を果たしていく道を考えるべきだ。それは国民的な議論に値するだろう。私の世代が何をなし得るかと考えれば、自衛隊を合憲化することが使命ではないかと思う」

９条1項、２項はそのままにして、自衛隊の合憲化に照準を当てた改憲案である。歴代自民党政権はこれまで、自衛隊について「合憲」であるとくりかえしてきた。安倍首相は今回の改憲案の理由について、「緊迫する北朝鮮情勢、安全保障環境が厳しくなる中で、国民の命を守るために精励する自衛官に、違憲の議論が残ることをなくすことが私たちの世代の責任だ」（衆院予算委、２０１７年11月27日）とのべた。

◆国民不在の9条改憲策動

安倍首相が執着する9条改憲のねらいはどこにあるのだろうか。

安倍首相が呼号する9条改憲の最大の特徴は、国民不在の改憲という点である。今回の改憲案は、国民の要望から生まれたものではない。

そもそも歴代自民党政府は、自衛隊について「我が国が自衛のための必要最小限の実力を保持することは憲法9条の禁止するところではない。自衛隊は、わが国を防衛するための必要最小限度の実力組織であるから憲法に違反するものでないことはいうまでもない」との見解を表明してきた。自衛隊はすでに「合憲」と言ってきたのは、安倍・自民党そのものであった。それなのに自衛隊を憲法に明記する必要性がいったいどこにあるのか、安倍首相をはじめ改憲勢力はまったく語らない。

自衛隊の「合憲」「違憲」論は別にして、政府の「自衛隊・防衛問題に関する世論調査」（２０１７年度）によれば、自衛隊に「良い印象を持っている」と答えた人々は89・8％にのぼっている。これは東日本大震災での自衛隊の活動が大きな影響を与えている。

つまり、政府が自衛隊は「合憲」とし、自衛隊の好感度も上昇している中で、なぜ自衛隊を憲法に明記しなければならないのか、多くの国民が疑問を呈している。

しかも、安倍首相は国会で、「国民投票で自衛隊の存在を書き込む改正案が否決されたら、自衛隊の違憲性が確定するのか」と質問されたのに対し、「たとえ否決されても、自衛隊が合憲であることは変わりない」と答弁した。ではなぜ「自衛隊を明記する」改憲をおこなう必要があるのか、さらに国民の疑問は深まるばかりである。

ＮＨＫの世論調査（「日本人と憲法２０１７」）では、憲法９条の評価について、82％が「日本の平和と安全に役立っている」と回答している。「役立っていない」は13％にすぎない。また、この回答は、北朝鮮問題が顕著ではなかった２００２年と比べ、「役立っている」が７ポイントも上昇している。また、「憲法９条の改正は必要か」との問いに、57％が「必要ない」と答えている。これも02年との比較で、５ポイントも上昇している。「必要がある」は02年の30％から25％にダウンした。

２０１７年の時事通信の世論調査も、「改憲発議を通常国会（18年）でおこなうべきか」との問いに、「改憲を急ぐことに反対」と「そもそも改憲に反対」があわせて68・4％にのぼった。

９条改憲とは直接つながらないが、ＮＨＫの「平和観についての世論調査」（２０１４年）では、「これからも日本の平和を守っていくために、今最も重視すべきことは何だと思いますか」との問いに、「武力を背景にした抑止力」はわずか９・４％、一方、「武力頼らない外交」「民間レベルでの経済的・文化的交流」はあわせて81・4％にのぼっている（１６７ページ参照）。

「憲法９条守れ」「武力による平和に反対」の国民世論はきわめて強固であり、９条改憲は不要だと断じている。

■９条の評価

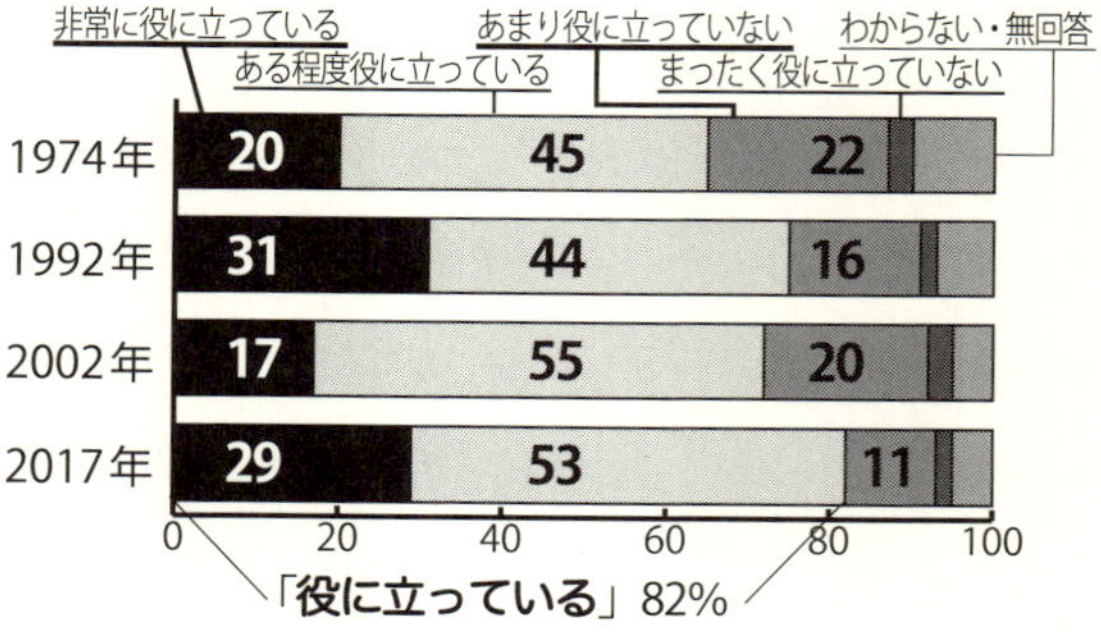

■９条の改正は必要か？

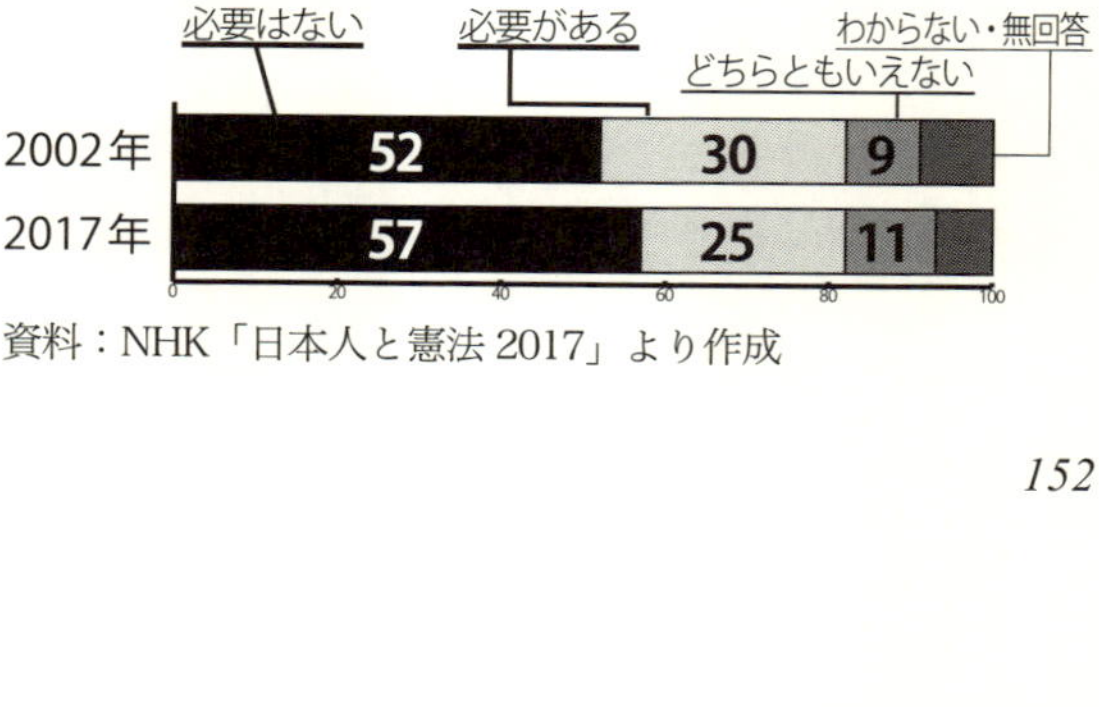

資料：NHK「日本人と憲法 2017」より作成

さらに安倍首相が改憲の最大の理由としてきた朝鮮半島の情勢は、前述のように平和の方向に大きく変化した。いったいどこに改憲理由の正当性があるのか。

◆自民党改憲案と「国防軍」構想

日本国憲法第9条は、1項で「戦争放棄」、2項で「戦力不保持」と「交戦権の禁止」を明記している。自民党は、その綱領にある「政綱」で、「自主憲法の制定」をかかげて結成された政党である。憲法「改正」の政党ではなく、「自主憲法制定」政党である。2018年度の自民党運動方針でも「わが党は、結党以来、自主憲法の制定を党是に掲げている」とし、今日も不動である。

しかもこれまで、アメリカの〝陰に陽に〟の圧力のもと、改憲策動をくりかえしてきた。そのたびに国民的反撃を受けて国民の「9条守れ」の声に跳ね返されてきた。そのため安倍政権は、並々ならぬ決意で改憲策動を強め、次期国会に改憲案を提出するとしている。

自民党が9条改憲に執着するのはなぜか。

自民党改憲案は、その都度その時期で違いがあるが、もっとも基本的な点は、「戦争放棄」「戦力不保持」をもつ憲法9条と米軍との戦争計画、軍備増強を明記した日米安保条約との矛盾を解消するところにある。つまり、安保条約、「日米同盟強化」に見合い、自衛隊を「戦争できる軍隊」につくりかえることにある。イラク戦争の際、アーミテージ元米国防副長官が、「9条は日米同盟の邪魔者」と発言したことは、本質をもっとも鋭く突いたものである。

自民党は2012年4月27日、民主党からの政権奪還後、安倍内閣のもとで「日本国憲法改正草案」を発表した。このなかで9条を削除し、「国防軍」を創設することを明らかにした。

第9条　日本国民は、正義と秩序を基調とする国際平和を誠実に希求し、国権の発動としての戦争を放棄し、武力による威嚇及び武力の行使は、国際紛争を解決する手段としては用いない。

2、前項の規定は、自衛権の発動を妨げるものではない。

（国防軍）

第9条の2　我が国の平和と独立並びに国及び国民の安全を確保するため、内閣総理大臣を最高指揮官とする国防軍を保持する。

2、国防軍は、前項の規定による任務を遂行する際は、法律の定めるところにより、国会の承認その他の統制に服する。

3、国防軍は、第1項に規定する任務を遂行するための活動のほか、法律の定めるところにより、国際社会の平和と安全を確保するために国際的に協調しておこなわれる活動を及び公の秩序を維持し、又は国民の生命若しくは自由を守るための活動をおこなうことができる。（以下略）

この「国防軍」創設構想は、２００５年10月、小泉内閣のもとでおこなわれた自衛隊を「自衛軍」とする改憲構想を発展させたものである。自民党が、自衛隊を「軍」として認知し、憲法上明確にすることを志向していたことを明白にするものであった。

改憲案に明記されているように、「国防軍」は、「国際社会の平和と安全を確保するために国際的に協調しておこなわれる活動をおこなうことができる」として、「日本防衛」ばかりでなく、海外、つまり他国での戦争への参戦任務を明らかにしている。その他、基本的人権を著しく侵害する条項や現憲法を大幅に超える緊急事態における人権制限などを含んでいる。

ところが安倍・自民党内閣は、２０１７年10月の総選挙では、安倍首相が提案した改憲案をもとに、これらの「国防軍」構想はまったく語らず、次のような憲法改正案を公約に掲げた。

「憲法改正については、国民の幅広い理解を得つつ、衆議院・参議院の憲法審査会で議論を深め各党とも連携し、自衛隊の明記、教育の無償化・充実強化、緊急事態対応、参議院の合区解消など4項目を中心に、党内外の十分な議論を踏まえ、憲法改正原案を国会で提案・発議し、国民投票をおこない、初めての憲法改正を目指します」

つまり、安倍改憲の本丸と言える9条関連では、安倍首相が提案した「自衛隊の明記」による加憲方式の改憲案であり、改憲路線の大幅な変更である。

◆安倍改憲案の〝迷走〟

総選挙は、安倍自民党の圧勝となり、安倍首相はあらためて「憲法改正」を強力に推進することを宣言した。自民党憲法改正推進本部は、首相の意を受け、安倍改憲案をもとに党内の議論を開始し、2018年の通常国会への改憲案提出に血道をあげた。しかし、その後の自民党改憲案は、〝混迷〟を深めている。

2017年12月20日、自民党憲法改正推進本部が出した「憲法改正に関する論点取りまとめ」はつぎのように報告した。

「(1) 自衛隊について――自衛隊がわが国の独立、国の平和と安全、国民の生命と財産を守る上で必要不可欠な存在であるとの見解に異論はなかった。その上で、改正の方向性として以下の二通りが述べられた。

①「9条1項・2項を維持した上で、自衛隊を憲法に明記するにとどめるべき」との意見

②「9条2項を削除し、自衛隊の目的・性格をより明確化する改正を行うべき」との意見

なお、①及び②に共通する問題意識として、「シビリアン・コントロール」も憲法に明記すべきとの意見が述べられた。」(以下略)

また、自民党ホームページには、憲法改正推進本部が開いた9条に関する意見交換の中で、「安倍総裁の提案に賛同を示す意見が大勢を占めつつも」、「相手が国であれば我が国として何もできない。交戦権の否認は削除すべき」「自衛隊を明記するのであれば、まず軍隊なのか警察なのかをはっきり

させねばならない」との意見が出されたとしている。

この「論点取りまとめ」は、選挙公約とは別に、自民党内に自衛隊が「軍」であることを明確にし、交戦権も明記すべきとの流れが依然残っていることを示している。

つづいて2018年3月22日、憲法改正推進本部は、議論の結果として、つぎの3つの改憲案を提示した。すべて9条1〜2項を維持したうえで、次の条文を「加憲」するものである。

①「第9条の2 我が国の平和と独立を守り、国及び国民の安全を保つための必要最少限度の実力組織として、法律の定めるところにより、内閣の首長たる内閣総理大臣を最高の指揮官とする自衛隊を保持する。

2、自衛隊の行動は、法律の定めるところにより、国会の承認その他の統制に服する」

②代替案1 「第9条の2 我が国の平和と独立を守り、国及び国民の安全を保つために必要な措置をとることを目的として、法律の定めるところにより、内閣の首長たる内閣総理大臣を最高の指揮官とする自衛隊を保持する」

③代替案2 「第9条の2 前条の規定は、我が国の平和と独立を守り、国及び国民の安全を保つために必要な自衛の措置をとることを妨げず、そのための実力組織として、法律の定めるところにより、内閣の首長たる内閣総理大臣を最高の指揮官とする自衛隊を保持する」

この自民党改憲案も「自衛隊」を書き込んだというだけで、その性格、任務などはきわめて矛盾した内容である。例えば、「必要最小限度の実力組織」とはどの程度の軍事力なのか、この「実力組織」と「必要な自衛の措置をとる実力組織」との違いはなんなのか。また、「必要な自衛の措置」とは、個別的自衛権ばかりでなく、集団的自衛権も含むのか。それとこれによっては、改憲案の性格は大きく変わってくるのである。これがまともな「改憲案」という代物でないことは明確である。

◆安倍改憲のねらいは、9条2項の「死文化」

では安倍首相の9条改憲のねらいはどこにあるのか。

安倍首相は「ほとんどの教科書に、自衛隊は違憲の疑いがあるという記述がある。ある自衛官は子どもから『お父さんは違憲なの？』と言われ、胸を切り裂かれる思いだったと聞いた」（「読売」17年12月13日付）とのべた。また、「憲法学者が主張する『自衛隊違憲論』の余地をなくす」とも主張した。しかし、これらも改憲の必要性を正当化するものではない。自衛官の個人的問題を出して感情論を煽るのは、安倍首相が得意とする手法だが、違憲論を払しょくできないのは憲法に明記されていないからではない。安倍内閣と歴代自民党政権の改憲論が国民に支持されていないからである。

一方、安倍首相は、みずからの9条改憲案について、「自衛隊の正当性を明確化することは、憲法改正の十分な理由になる。9条1、2項に加え、自衛隊を明記することで、自衛隊の任務や権限に変更を生じない」（参院決算委、18年4月9日）とくりかえし強調した。しかし、これも明らかなごまかしである。

自衛隊が9条の2項で明確に禁止された「戦力」にあたることは国際的に明確である。自衛隊は、世界各国の軍隊と比べても、有数の軍隊である。ストックホルム平和研究所（SIPRI）の年次報告でも日本の軍事費は世界第8位、軍事費大国である。自衛隊を憲法に書き込むことは、この「戦力」を書き込むことである。これによって、「戦力不保持」を明記した9条2項の死文化をねらう「戦術」である。

安倍首相が、「自衛隊」を明記する改憲案に固執しているのは、自衛隊の好感度を利用して、「軍」というイメージを排し、とりあえず戦後初めての憲法改正を実現してしまおうとの意図にもとづくものにほかならない。これは、自民党のなかでも〝公然の秘密〟である。

自民党憲法改正本部の船田元《はじめ》本部長代行は、まずは9条2項を維持したまま自衛隊を明記する改憲案を実現し、その後に2項を削除する〝2段階の改憲案〟を強調している（BSフジ、17年12月21日）。

また、安倍首相が改憲案の〝下書き〟とした日本政策研究センターの改憲構想も、「これまでの自分たちの個々の考え方に対するこだわりをまず捨てなければならない」として、「まず家の安全を確保しつつ」、「将来的には今度は腰を据えて、もっと突っ込んだ大々的なリフォームを更に考えていく」としている。また、「そこから将来的な新築、ということを考えていく」としている（「これがわれらの憲法改正提案だ」）。つまり、まず自衛隊の好感度アップを利用して「自衛隊明記」の改憲案を実現し、つづいて「国防軍」に、そして最終的には「自主憲法制定」という構想を語ったものである。

安倍首相は、みずから念願の「自主憲法制定」の大目標に向かって、とりあえず「自衛隊明記」の改憲案への〝大迂回作戦〟をはかったのである。

◆「戦争法」を背負った自衛隊の明記

一方、「自衛隊を明記する」改憲案もまた、9条2項の「死文化」ばかりでなく、自衛隊が米軍と一緒に戦争を起こす、9条を亡きものとする危険な改憲案である。

今日の自衛隊は、1954年に創設された当時の陸海空自衛隊ではない。「戦争法」という集団的自衛権行使が認められた自衛隊である。安倍首相は、「自衛隊の任務や権限に変更を生じない」と殊更強調するが、そうではない。自衛隊は「他国防衛」という「日本防衛」とは異質のあらたな任務と権限を付与されたが、書き込まれる自衛隊は、その自衛隊である。

安倍首相は、国会で「自衛隊の任務や権限に変更はない」とする一方で、「フルスペックな（限定のない）集団的自衛権の行使は現在同様、認められない」（衆院予算委、18年1月30日）と答弁した。これは裏返すと、「安保法制」に盛り込まれた集団的自衛権行使は「認められる」ということである。

自民党案の「代替案2」でも「必要な自衛の措置を妨げず」としているが、この「自衛」に集団的自衛権の行使も含まれていることは、「安保法制」の審議で明らかとなった。

「安保法制」はすでに自衛隊の任務を大きく変えた。つまり、少なくとも表向き「日本防衛」に専念していた自衛隊が、「他国防衛」というあらたな任務に踏み出したのである。前述したように自衛隊は、北朝鮮への軍事威嚇として、核兵器搭載可能なB52H戦略核爆撃機の護衛作戦に乗り出した。他国への上陸作戦など米軍と自衛隊の軍事的一体化の訓練が拡大した。「イージス・アショア」の導入・配備など米本土を攻撃する核ミサイルを迎撃する任務と態勢を強化した。小野寺防衛大臣は、北朝鮮がアメリカのグアム基地を攻撃対象にしていることについて、「米国の抑止力、打撃力の欠如は、日本の存立危機にあたる可能性がないとは言えない」とし、「安保法制」で明記された「存立危機事態」に該当する可能性を指摘した。そして、そのミサイルを迎撃することも「可能だ」と答弁した（衆院安保委、17年8月10日）。

元内閣法制局長官の阪田雅裕氏は、「その自衛隊をそのまま書くことはそれほど簡単ではありません。政治家はごまかしてはいけないし、国民もごまかされてはならない」（「朝日」18年2月7日）とし、自衛隊を明記すれば、違憲の「安保法制」も認めることになると指摘している。

民主党政権の当時の防衛大臣、森本敏氏は、「集団的自衛権行使の一部を容認した安全保障法制の成立で、憲法を変えずにできることはほぼ達成できるが、これ以上のことをやろうとすると憲法問題になってくる。公海上での潜水艦による海上阻止行動に協力したり、米軍と協力して日本の領域外に着弾するミサイルの迎撃をやるのは、現憲法では微妙だ。安保法制をさらに整備し直すなら、憲法問題でもうひとつステージをあげる必要がある」（「朝日」18年4月25日付）とのべた。

9条への自衛隊明記は、こうした「戦争法」の拡大をめざすものである。

歴代アメリカ政権はこれまで、「日米同盟強化」を目的に、日本の9条改憲圧力をかけ続けてきた。イラク戦争では、「憲法9条は日米同盟の邪魔者」とまで非難した。このアメリカの要求に忠実に従ってきたのが安倍内閣である。最近、アメリカの対日圧力が顕著にあらわれないのは、「積極的平和主義」を掲げた安倍首相がアメリカの要求に唯々諾々と従っているからにほかならない。

それにもかかわらず、トランプ政権は、2017年の日米首脳会談で、「日米両国の各々の役割、任務及び能力の見直しを通じたものを含め、日米同盟を更に強化するための方策を策定する」(「日米共同声明」)と合意し、自衛隊の「任務及び能力の見直し」に乗り出した。安倍首相は「任務と権限に変更はない」と国民に説明しながら、超大国アメリカの盟主には自衛隊の「任務及び能力の見直し」を約束する。この二枚舌とゴマカシは許されない。

③「戦争する国づくり」と新しい軍国主義への蠢動《しゅんどう》

安倍内閣のもとで米軍と一緒に海外で戦争する軍事態勢が強化されているが、日米両政府は、現実に戦争がたたかえる態勢をつくるため、国内の態勢整備、つまり「戦争できる国づくり」に腐心している。

「戦争法」や自衛隊増強のおおもとになった新日米ガイドイラン(2015年4月)は、初めてこの点を具体的に明記した。これまでの日米ガイドラインは、米軍と自衛隊の日米軍事共同作戦だけに限定していた。これらが明記されたことは、日米両政府が本格的な戦争態勢の整備に集中し始めたことを示している。(193ジペー〈資料3〉参照)

◆「戦争する国づくり」を描いた新「日米ガイドライン」(2015)

新ガイドラインは、日米の戦争態勢をつくるため、「安全保障及び防衛協力の基盤として」つぎの3つをはじめて明記した。(A)防衛装備・技術協力、(B)情報協力・情報保全、(C)教育・研究交流である。これらは、防衛省・外務省所管以外のものが多々あるが、日本の国家行政に軍事的立場を持ち込むものばかりである。

「防衛装備・技術協力」では、「日米両政府は、相互運用性を強化し、効率的な取得及び整備を推進する」として、アメリカ軍需産業からの武器購入の促進や対米武器輸出、武器技術の提供をあげた。

これは前述したように、米国製の兵器購入を増やし、「米国第一」で対処するという「宣言」である。日米安保条約第3条では、「それぞれの自衛能力を向上」を謳ったが、歴史的に見てこれらはすべて日本が軍備拡張をおこなうという〝誓約〟にほかならない。そして、その購入先はすべて米国であるという〝誓約〟でもある。歴史的に見て、例えば、航空自衛隊の主力戦闘機のすべては米国からの導入である。ガイドラインは、「互恵的な防衛調達を促進する」としているが、日本にとって「互恵的な」兵器導入などはない。すべてアメリカの軍需産業が儲けを独占するしくみである。

ガイドランはまた、「相互の効率性及び即応性のため、共通装備品の修理及び整備の基盤を強化する」としている。これはすでに「リージョナル・デポ」の建設やオスプレイ整備工場の建設に具体化されている。日本全土をアメリカの戦争を支える兵站基地と化すものである。

「情報協力・情報保全」は、アメリカのCIA（中央情報局）やNSA（国家安全保障局）などの軍事スパイ機構と連携した「情報協力」や米軍の機密を保持する「情報保全」である。現在、NSAの元諜報員スノーデン氏が、アメリカの機密文書を暴露し、スノーデン事件として有名になったが、この文書でもアメリカが在日米軍基地にスパイを送り込み、日本国内や世界各地で諜報活動を展開していることが明らかになった。新ガイドラインはこうした実例を受けて、「国家戦略レベルを含むあらゆるレベルにおける情報協力及び情報共有を強化する」としているが、これは日本が入手した軍事情報をふくむすべての情報をアメリカに提供するという軍事情報・諜報態勢の分担にほかならない。

「教育・研究交流」は、「日米両政府は、安全保障及び防衛に関する知的協力の重要性を認識し、（中略）おのおのの研究・教育機関間の意思疎通を強化する」とし、「軍学共同」といった大学の自治や教育の中立化を侵害する軍事協力を迫っている。また、日本の先端技術開発をアメリカに売り渡し、軍事利用する従属的な軍事態勢をめざすものである。安倍内閣はすでに、文部科学省の大学の研究予算を大幅に削減するもとで、15年度防衛省予算から「安全保障技術研究推進制度」を発足させ、大学や研究機関、企業を対象とした軍事研究に資金を投入することに踏み出した。

◆「国民の知る権利」をつぶす秘密保護法（２０１３）

新ガイドラインの合意を〝先取り〟した形で強行されたのが「秘密保護法」の制定である。

２０１３年10月25日、安倍内閣は、「特定秘密の保護に関する法律案」（秘密保護法）を国会に提出し、強行成立させた。この法律は、日本の安全保障情報、いわゆる戦争や軍事情報を国民の目から隠し、国民の知らないところで戦争準備や軍事力強化をすすめようとするものである。

米軍と自衛隊の軍事一体化がすさまじい規模と内容で進行するなか、米政権は、日本に対し、米軍の機密情報が漏えいしないような態勢の強化を求めた。07年5月、「２＋２」は、「軍事情報に関する一般的保全協定」（ＧＳＯＭＩＡ＝General Security Of Military Information Agreement）を締結することで合意した。この協定は、アメリカの兵器の技術研究や開発、軍事作戦や訓練に至るまでの情報を「保全」し、幅広い軍事機密化をはかろうとするものである。

秘密保護法は、これらの米軍の機密情報を「特定秘密」として指定し、これを漏えいした者を処罰すると規定した。「特定秘密」は、①防衛に関する事項、②外交に関する事項、③特定有害活動の防止に関する事項、④テロリズムに関する事項、となっている。つまり、米軍と自衛隊がどのような戦争をすすめようとしているのか、どのような外交をおこなおうとしているのか、それらを国民の目から隠してしまおうというのである。

戦前・戦中においては、日本には「軍機保護法」など国民弾圧法があった。これらをもとに国民に対しては、戦局や軍事に関する情報はすべて隠された。国民は知らないところで泥沼の戦争に引きずり込まれたのである。

こうした侵略戦争の痛苦の経験から平和憲法は、「国民の知る権利」を明記した。情報の公開、表現の自由が「侵してはならない」権利として明記された。「秘密保護法」による情報隠しは、この憲法に明記された「知る権利」に真っ向から反するものである。

「秘密保護法」についてマスコミ関係者や多くの市民は、自由な取材活動や公務員の身辺調査など国民の知る権利を侵害するとして反対運動に立ち上がった。「私たちは『特定秘密保護法』に反対します」というスローガンで、鳥越俊太郎、田原総一朗、大谷昭宏、青木理氏らのジャーナリストが立ち上がり、若者のたたかいも大きく高揚した。マスコミの世論調査も「賛成」「反対」が拮抗し、「今国会での成立は見送るべき」が多数を占めた。

ところが安倍内閣は、２０１３年12月６日、与党多数で強行採決をおこない法律を成立させた。２０１５年11月、フリージャーナリストら42名が法律の無効確認を求めて提訴し、「表現の自由や報道に自由を侵害する」「行政機関への取材が難しくなり、取材や報道が委縮する」と主張した。

◆「テロ対策」を口実にした共謀罪

安倍内閣は２０１６年12月４日、秘密保護法につづいて国会に「安全保障会議（ＮＳＣ＝National Security Council）設置法改正案」を提出した。これまでの「安全保障会議」に変わり、「国家安全保障会議」とするものである。ＮＳＣは、アメリカの国家安全保障会議を真似て創設されたものであるが、日米安保体制のもとで自衛隊をはじめ日本の軍事態勢を強化するとして大きな批判の的となった。

さらに、２０１７年３月22日、「組織的な犯罪の処罰及び犯罪収益の規制等に関する法律案」（共謀罪法案）が国会に提出された。政府は、「国際的な組織犯罪の防止に関する国連条約」（国際組織犯罪防止条約）の締結のための前提として必要な条約であるとして、この成立をはかった。また、「テロ等準備罪」を創設し、テロ防止のためにも必要と強調した。しかし、国際条約の締結は、すでに制定されている法律で十分可能であった。

この法律は、主要な犯罪618個が対象となり、実際の実行行為がなくても予防的に処罰が可能になることに最大の特徴があった。アメリカではテロ対策として「愛国者法」が成立し、「予防拘禁」が強制されたが、これと同様の法制化である。また、「共謀した」として無関係の人々にまで類が及ぶ「共謀罪」法案だとして弁護士や法律家などから厳しい批判が突き付けられた。

安倍内閣と自民、公明党は、衆院で日本維新の会とともに採決したが、参院法務委員会では、採決を省略する「中間報告」を採用し、強行成立をはかった。

※「中間報告」――国会法56条の3「各議院は、委員会の審査中の案件について、特に必要があるときは中間報告を求めることができる」にもとづく。事実上の「強行採決」である。

野党やマスコミは、「中間報告」は「強権政治のあらわれ」と批判し、自民党からも批判する議員まででた。しかし、公明党の委員長がこれを推進した。

◆大学に軍事研究を持ち込む「軍学共同」

大学や研究機関に、これまで禁じられていた軍事研究を持ち込む「軍学共同」が防衛省主導で強行された。

防衛省は15年度防衛予算ではじめて「安全保障技術研究制度」をつくり、大学や研究機関への軍事研究資金のバラまきをはじめた。15年度3億円から18年度では34倍の101億円に大増額された。文科省が大学の研究予算を削減する一方、本来教育にかかわるべきでない防衛省がこうした制度をつくるのは、日本の軍事化の〝象徴〟である。

日本学術会議は、戦前、侵略戦争に科学者が動員された経験から「戦争を目的とする科学の研究には絶対従わない」との声明を発出してきた。17年3月24日には、「軍事的安全保障研究に関する声明」を発表し、今回の制度をきびしく批判した。声明は、「研究成果は、時に科学者の意図を離れて軍事目的に転用され、攻撃的な目的のためにも使用しうるため、まずは研究の入り口で研究資金の出所等に関する慎重な判断が必要である」としている。

今回の「軍学共同」は決して日本だけでの問題ではない。米軍との軍事一体化の進展の中で、このような研究がアメリカによって利用されていくことは明白である。これまで日本の先端技術は、憲法9条のもとで平和目的を中心に開発・生産されてきた。「武器輸出三原則」をもとに軍事技術の輸出が禁止されてきた。これらの技術がアメリカの手に渡れば、核兵器や攻撃的兵器の開発に使用される危険は大きく拡大されることになる。国民や科学者が知らないうちに「死の商人」や人殺しの道具として利用されることになる。制度の撤廃が求められる。

大学や研究機関などの学問分野ばかりではなく、民間企業への軍事化も着々と進行している。防衛省は、「戦争法」でのアメリカの戦争の際、米軍や自衛隊員を輸送する民間船舶を運行する「専門会社」をつくり、船長をはじめとする幹部職員を「予備自衛官補」として採用する制度を創設した。全日本海員組合は、「戦時徴用の復活」として強く反対している。自衛隊の南スーダン派遣でJALやANAの民間航空機がチャーターされ、制服自衛官が搭乗し、軍事輸送に使われた。防衛省は、戦時の輸送体制の整備に、これらの民間航空会社を動員する態勢を強めている。

こうした日本の軍事化が、自衛隊の戦争態勢の強化と相まって強化・拡大されているところに今日の危険が内包している。

第Ⅲ章　日米軍事同盟打破・基地撤去のたたかいの展望

歴史的な米朝首脳会談は、朝鮮半島の「完全な非核化」のみならず、北東アジアの平和と安全に大いなる可能性を切り開いた。「非核化」は、北朝鮮の核開発の中止とともに、アジアにおける核戦争の危機的状況から脱却し、北東アジアの非核地帯化への前進をも展望できる状況をつくりだした。朝鮮半島での休戦協定破棄による戦争状態の終結、「恒久的で安定的な平和体制の構築」は、ドイツでの東西分断状態の打開から30年、分断国家を解消するという世界史的一大転換も視野に入った。

われわれがこの巨大な一歩をしっかり踏みしめ、米朝会談の歴史的合意を実現するための世論と運動にとりくむことがなによりも求められている。

ペリー元米国防長官は、米朝会談について「この会談は非核化プロセスのわずか1％にすぎません。重要な1％です。会談が非核化に向けた真剣な協議と行動へ扉を開くものだからです」とし、「交渉が困難でも、時間がかかっても、われわれは外交による解決に集中し、最優先で成功を目指さなくてはなりません」（「赤旗日曜版」２０１８年8月19日付）とのべた。

国際的な世論と運動の強力な〝後押し〟が必要である。

◆「武力に頼らない平和」の世論と運動

いま国際的に重要なことは、米朝会談でしめされた、紛争の「対話による平和解決」の方向を広く、深くする、「武力に頼らない平和」の世論を広げることである。

軍事力や核兵器による「脅しと恫喝」によって領土を切り取る時代は終わった。封建制時代の遺物となった。トランプ米大統領は、米朝会談の合意の一方で、みずから署名した「米軍の再建に関する大統領令」で「武力による平和」を掲げたが、国際世論の前に、「対話による平和解決」の立場を選択した。

日本における国民世論も、「武力に頼らない外交」を志向している。ＮＨＫの「平和観についての世論調査」では、「日本の平和を守っていくために今もっとも重視すべきことは何だと思いますか」との問いに、「武力に頼らない外交」（53・4％）と「民間レベルでの経済的・文化的交流」（26％）と回答した人々は、合計約80％にのぼる。これに対して「武力を背景にした抑止力」と回答したのはわずか9％にすぎない。国内世論は圧倒的に「武力によらない平和」を志向している。

■これからも日本の平和を守っていくために、今、最も重視すべきことは何だと思いますか。

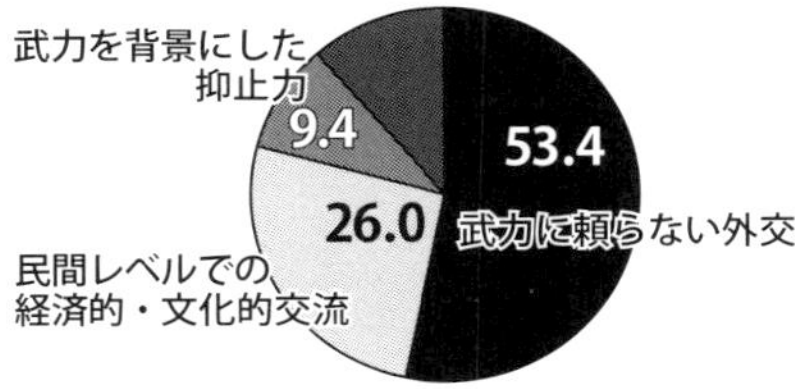

資料：NHK「平和観についての世論調査」2017年7月

「武力による威嚇と行使の放棄」「紛争の平和解決」を明記した平和のながれは世界中に広がりをみせた。

アジアでは、ＴＡＣ条約が存在し、東南アジアの国々の「信頼醸成」に大きく貢献している。ラテンアメリカでは、２０１０年、「ラテンアメリカ・カリブ海諸国機構」が誕生した。この宣言は、国連憲章に基づいて、「国家が威嚇や侵略、一方的な敵対措置を受けることなく、平和、安定、公正、民主主義、人権尊重の雰囲気の中で、同時の政治体制を建設する権利を擁護する責務を有する」と明記した。これはアメリカ主導の軍事同盟・リオ条約（米州相互援助協定）と決別する方向を打ち出したものである。

このような状況の中、北東アジアでの平和・友好条約の締結は、アジアと日本の大きな変化に貢献するものである。日本がこうした平和の枠組みづくりのイニシアチブを発揮することが求められる。また、北東アジアの「非核化」を実現するためにも、日本が国連で採択された「核兵器禁止条約」批准の先頭に立つことが強く求められる。

◆破たんした「日米同盟」強化路線

いま世界の軍事同盟は「日米同盟」も含め、大きな〝漂流〟状態にある。それは軍事「同盟」にとって〝不可欠な〟敵の存在が希薄になったからである。

NATO（北大西洋条約機構）軍事同盟は、敵対したワルシャワ条約機構の崩壊のもと、これらの加盟国を抱き込んだが、逆に大きな矛盾をかかえることになった。トランプ大統領は、欧州諸国への兵器の売り込みに苦慮し、国防費の「GDP2％以上」の〝誓約〟を守らせるための圧力を開始したが、財政難に悩むEU諸国の現状を打開できないままである。

アジアでも、アメリカは5つの軍事同盟をもっていると〝豪語〟するが、多くの国から米軍基地の撤去を余儀なくされている。最近、フィリピンやオーストラリアに米軍基地を建設する報道があったが、これらもすべて一時使用ないしは共同使用基地であり、恒久基地を建設する方向にはない。

日米同盟は一見、安倍内閣の軍拡政治で、一路拡大・強化が進んでいるように見えるが、その実態は深刻な矛盾に直面している。沖縄の新基地建設はその典型的な例である。

『日米同盟の静かなる危機』を著した元在日米大使特別補佐官のケント・ギルダー氏は、つぎのように指摘した。

「いかに効果的に軍事力が二つの北太平洋の民主主義国家に備わろうと、野心的であらたな同盟は、日米双方の政治システムや広い国際関係のなかで困難に直面している。新たな同盟は、軍事的にいかに強大でも、政治的、知的理解の面では脆弱だ」

民主党政権の防衛大臣を務めた森本敏氏は、『国防の論点』（共著、ＰＨＰ、２００７年）のなかで次のようにのべた。

「同盟関係がテロ戦争を大きく変えてしまっている。同盟とは本来何かという、共通の敵に対する関係なんです。ところがいまや、いったい何が共通の敵かわからない。米欧関係のように伝統的な同盟関係にもとづいて軍事作戦をするということが非常に難しくなっており、同盟関係そのものが変質している」

ブッシュ政権の国家安全保障会議上級アジア部長のマイケル・グリーン氏は、『日米同盟：米国の戦略』（共著、勁草書房、１９９９年）でつぎのように指摘した。

「日米同盟が国民の支持のないまま機能してきたので、両国関係は同盟の必要性を国民に明確に説明してこず、日米両国の一般国民が同盟を疑いのまなざしで見るようになったことが指摘できる。（中略）国内政治の不安定さや、中央政府に対する国民の不満、官僚に対する不満などが考えられる。しかし、これらの反発は、日本の潜在意識の中に、同盟関係を維持するための合理的な理解が十分浸透していなかったことを象徴的に表している」

このように「日米同盟」強化を推進してきた人々の中にも、日米同盟の「脆弱性」を指摘する声が相次いでいる。

「日米同盟」強化を無責任に煽り、米軍基地の強化や９条改憲に走る状況は終わった。「日米同盟」からの脱却こそ真剣に考えるべき時である。

◆「基地のない沖縄と日本」と日米地位協定の見直し

「基地のない沖縄・日本」をめざすたたかいは、「日米同盟」の打破にとって不可欠である。２０１７年2月16日、米議会調査局が発表した「日米関係」と題する報告書は、沖縄の新基地計画について、つぎのように強調した。

「沖縄県民に広く行きわたった不安のため、沖縄の米軍プレゼンス（駐留）の持続性は、同盟にとって重大な課題のままである。（中略）普天間飛行場が移設できなければ、一部の米国関係者が、日本の政治システムが困難な課題の解決に四苦八苦しているという印象を強くする可能性がある。一方、日米両政府による高圧的な行動が反基地の抗議行動をさらに激しくさせることになる危険は今まで通りである」

沖縄の辺野古新基地計画はいまや、「日米同盟」の〝アキレス腱〟となっている。安倍内閣は、県民の反対運動の前に、まともな工事もやれずに違法工事に走っている。また、サンゴを破壊し、美ら海を汚し自然環境を破壊している。埋め立て工事は完全に行き詰まり、その出口すら定まらない。一方、稀代の欠陥機オスプレイが強行配備され、墜落事故や不時着事故をくり返している。保育園や小学校に部品落下事故を起こし、「子どもの命まで危険にさらすのか」と多くの県民の怒りをかっている。こうした日本の植民地のような実態は、「日米同盟」にとって解決できない最大の難関である。

宮沢喜一元首相は、安保50年の式典（２００１年）で、米兵のレイプ事件や事故について「日米同盟の頭痛の種になる」と懸念を表明した。元沖縄県知事の故翁長雄志氏は、著書『戦う民意』（角川書店）のなかで、「アジアの安定、日米安保という理念はそれほど危ういものに乗っかっているということです。（中略）その意味で、『日米安保体制は砂上の楼閣である』と私は思っています」とのべた。こうした「日米同盟強化」の名のもとでの主権国家にはあるまじき基地増強を告発することが求められる。

日本をアメリカの属国として強いる根幹は、日米安保条約にもとづく地位協定である。日米地位協定の本質は、米軍の特権を定めた「米軍特権協定」である。日米安保条約廃棄は、安保10条によって合法的・平和的に実行できるが、日米地位協定はいまや、根本的見直しが急務である。地位協定による爆音被害、墜落事故、レイプ殺人事件、部品落下事故に、国民の怒りは頂点に達している。ドイツやイタリアなどアメリカの同盟国で実行されている地位協定の見直しを見れば、可能性は明らかである。「安倍内閣は、トランプ政権に地位協定の根本見直しを迫れ」の世論と運動を強めることが重要である。

◆北東アジアの平和へ日本外交の転換を

米朝首脳会談、南北首脳会談、そして日朝平壌宣言にしめされた「北東アジアの平和と安定」の枠組みを実現するためには、日本外交がそのイニシアチブを発揮するときである。

歴代自民党政権のアジア外交、対北朝鮮外交は、日米安保条約にもとづく対米追随外交であった。日本は、中国、北朝鮮、韓国、ロシアと隣接しているが、このなかで平和条約を結んでいる国は中国だけである。しかし、中国とは「過去の清算」をめぐって外交関係は冷え切ったままである。２０１８年8月12日、日中平和条約は40周年を迎えたが、その記念事業もまともな状態ではない。ロシアとの関係では、安倍首相は、18年の臨時国会で「戦後外交の総決算」をかかげ、ロシアとの平和条約交渉に乗り出した。これは、千島列島返還とはまったく逆行した、歯舞・色丹の「2島先行返還による平和条約締結交渉である。

そもそもロシアとの領土問題は、第二次大戦終戦当時、旧ソ連のスターリンが戦後処理の「領土不拡大の原則」に反し、千島列島を不当に奪ったことが最大の問題である。ところが歴代自民党政権は、このスターリンの誤りを正さず、「南千島（国後・択捉）は千島にあらず」というゴマカシの主張で、国後・択捉と、「北海道の一部」である歯舞・色丹の4島を「北方領土」と呼んで、その返還交渉をすすめてきた。安倍首相の返還交渉は、この従来の自民党政権の立場ともまったく異なる、ロシアへの屈辱外交、「売国外交」そのものである。

ロシアのプーチン大統領はまた、領土を日本に返還した場合、その島に米軍基地が置かれる可能性があるとして、「日本の決定権に疑問がある」とのべた。基地問題や日米安保条約が領土問題解決の大きな障害となっているのである。

韓国との関係では、1965年の「日韓基本条約」が存在する。この条約は平和条約のように見えるがそうではない。竹島の領土問題は未解決である。さらに、徴用工問題、慰安婦問題など「戦後処理」にかかわる諸問題が浮上し、アメリカの軍事同盟国である韓国との関係は悪化の一途になっている。これらの外交上の立ち遅れの原因は歴代自民党政権が、アメリカの世界戦略・アジア戦略にもとづいて、中国、北朝鮮に対する敵視政策を採用してきたからにほかならない。

また、ソ連「脅威」論で〝封じ込め〟戦略をとってきたため、領土問題の解決が一向に進展しなかったのである。

朝鮮半島の大きな激動の中、日本政府は、このような対米追随外交を根本的に転換すべき時である。この時期を逸するとさらに事態は深刻になる。

◆「9条守れ」の国民的大運動を

安倍首相は、破たんした「日米同盟」にしがみつき、米朝会談の成果にも背を向けて、9条改憲をしゃにむに推し進めている。2019年の国会に改憲案を提出することをねらっている。

しかし、安倍首相がその最大の論拠とする朝鮮半島の情勢や「日米同盟」強化は、安倍首相の思惑とは180度違っている。その論拠は、完全に喪失している。国防軍構想を打ち出した石破元防衛大臣でさえ、「改憲は拙速」と発言した。安倍内閣の〝暴走政治〟をあらわにしている。

「日米同盟」強化は今日、北東アジアの平和に真っ向から敵対する方向にすすんでいる。アーミテージ氏は、「憲法9条は日米同盟の邪魔者」とのべたが、いまや「日米同盟は『北東アジアの平和』にとっての邪魔者」である。今日の時代は、軍事同盟による軍事的対決の時代ではない。平和外交によって大国も小国も「平等・互恵」、友好・協力関係にすすむ時代である。米朝首脳会談はその方向を明確に指し示した。

いま世界は大きく変化している。この激動の時代は、「軍事同盟もない」「核兵器も基地もない」世界をつくる絶好の機会である。

憲法9条は、日本が第二次世界大戦の反省の立場から「平和国家」への歩みをすすめるために大きく貢献してきた。日本が侵略戦争の惨禍を乗りこえ「経済大国」として偉大な復興を遂げてきた上での大きな力となってきた。そしていまも、世界が核戦争の恐怖から脱し、平和で豊かなアジアと日本をつくるうえで輝きを増している。9条の先駆性を語り、9条改憲を阻止する国民的な共同のたたかいが求められる。

Ⅳ 「日米同盟」関係主要資料

〈資料1〉「日米2＋2・中間報告」

※「日米同盟」の能力強化のため、司令部の一体化、日本での基地拡大、民間も動員することに合意。

日米同盟：未来のための変革と再編（仮訳）

２００５年10月29日
ライス国務長官
ラムズフェルド国防長官
町村外務大臣
大野防衛庁長官

Ⅰ．概観

日米安全保障体制を中核とする日米同盟は、日本の安全とアジア太平洋地域の平和と安定のために不可欠な基礎である。同盟に基づいた緊密かつ協力的な関係は、世界における課題に効果的に対処する上で重要な役割を果たしており、安全保障環境の変化に応じて発展しなければならない。以上を踏まえ、２００２年12月の安全保障協議委員会以降、日本及び米国は、日米同盟の方向性を検証し、地域及び世界の安全保障環境の変化に同盟を適応させるための選択肢を作成するため、日米それぞれの安全保障及び防衛政策について精力的に協議した。

２００５年2月19日の安全保障協議委員会において、閣僚は、共通の戦略目標についての理解に到達し、それらの目標を追求する上での自衛隊及び米軍の役割・任務・能力に関する検討を継続する必要性を強調した。また、閣僚は、在日米軍の兵力構成見直しに関する協議を強化することとし、事務当局に対して、これらの協議の結果について速やかに報告するよう指示した。

本日、安全保障協議委員会の構成員たる閣僚は、新たに発生している脅威が、日本及び米国を含む世界中の国々の安全に影響を及ぼし得る共通の課題として浮かび上がってきた、安全保障環境に関する共通の見解を再確認した。また、閣僚は、アジア太平洋地域において不透明性や不確実性を生み出す課題が引き続き存在していることを改めて強調し、地域における軍事力の近代化に注意を払う必要があることを強調した。この文脈で、双方は、２００５年2月19日の共同発表において確認された地域及び世界における共通の戦略目標を追求するために緊密に協力するとのコミットメントを改めて強調した。

閣僚は、役割・任務・能力に関する検討内容及び勧告を承認した。また、閣僚は、この報告に含まれた再編に関する勧告を承認した。これらの措置は、新たな脅威や多様な事態に対応するための同盟の能力を向上させるためのものであり、全体として地元に与える負担を軽減するものである。これによって、安全保障が強化され、同盟が地域の安定の礎石であり続けることが確保される。

Ⅱ．役割・任務・能力

テロとの闘い、拡散に対する安全保障構想（PSI）、イラクへの支援、インド洋における津波や南アジアにおける地震後の災害支援をはじめとする国際的活動における二国間協力や、2004年12月の日本の防衛計画の大綱、弾道ミサイル防衛（BMD）における協力の進展、日本の有事法制、自衛隊の新たな統合運用体制への移行計画、米軍の変革と世界的な態勢の見直しといった、日米の役割・任務・能力に関連する安全保障及び防衛政策における最近の成果と発展を、双方は認識した。

1．重点分野

この文脈で、日本及び米国は、以下の二つの分野に重点を置いて、今日の安全保障環境における多様な課題に対応するための二国間、特に自衛隊と米軍の役割・任務・能力を検討した。

―日本の防衛及び周辺事態への対応（新たな脅威や多様な事態への対応を含む）

―国際平和協力活動への参加をはじめとする国際的な安全保障環境の改善のための取組

2．役割・任務・能力についての基本的考え方

双方は、二国間の防衛協力に関連するいくつかの基本的考え方を確認した。日本の防衛及び周辺事態への対応に関連するこれらの考え方には以下が含まれる。

●二国間の防衛協力は、日本の安全と地域の平和と安定にとって引き続き死活的に重要である。

●日本は、弾道ミサイル攻撃やゲリラ、特殊部隊による攻撃、島嶼部への侵略といった、新たな脅威や多様な事態への対処を含めて、自らを防衛し、周辺事態に対応する。これらの目的のために、日本の防衛態勢は、2004年の防衛計画の大綱に従って強化される。

●米国は、日本の防衛のため、及び、周辺事態を抑止し、これに対応するため、前方展開兵力を維持し、必要に応じて兵力を増強する。米国は、日本の防衛のために必要なあらゆる支援を提供する。

●周辺事態が日本に対する武力攻撃に波及する可能性のある場合、又は、両者が同時に生起する場合に適切に対応し得るよう、日本の防衛及び

周辺事態への対応に際しての日米の活動は整合を図るものとする。

●日本は、米軍のための施設・区域（以下、「米軍施設・区域」）を含めた接受国支援を引き続き提供する。また、日本は、日本の有事法制に基づく支援を含め、米軍の活動に対して、事態の進展に応じて切れ目のない支援を提供するための適切な措置をとる。双方は、在日米軍のプレゼンス及び活動に対する安定的な支持を確保するために地元と協力する。

●米国の打撃力及び米国によって提供される核抑止力は、日本の防衛を確保する上で、引き続き日本の防衛力を補完する不可欠のものであり、地域の平和と安全に寄与する。

また、双方は、国際的な安全保障環境の改善の分野における役割・任務・能力に関連するいくつかの基本的考え方を以下のとおり確認した。

●地域及び世界における共通の戦略目標を達成するため、国際的な安全保障環境を改善する上での二国間協力は、同盟の重要な要素となった。この目的のため、日本及び米国は、それぞれの能力に基づいて適切な貢献を行うとともに、実効的な態勢を確立するための必要な措置をとる。

●迅速かつ実効的な対応のためには柔軟な能力が必要である。緊密な日米の二国間協力及び政策調整は、これに資する。第三国との間で行われるものを含む定期的な演習によって、このような能力を向上し得る。

●自衛隊及び米軍は、国際的な安全保障環境を改善するための国際的な活動に寄与するため、他国との協力を強化する。

加えて、双方は、新たな脅威や多様な事態に対処すること、及び、国際的な安全保障環境を改善することの重要性が増していることにより、双方がそれぞれの防衛力を向上し、かつ、技術革新の成果を最大限に活用することが求められていることを強調した。

3．二国間の安全保障・防衛協力において向上すべき活動の例

双方は、あらゆる側面での二国間協力が、関連の安全保障政策及び法律並びに日米間の取極に従って強化されなければならないことを再確認した。役割・任務・能力の検討を通じ、双方は、いくつかの個別分野において協力を向上させることの重要性を強調した。

●防空

●弾道ミサイル防衛

●拡散に対する安全保障構想（ＰＳＩ）といった拡散阻止活動

●テロ対策
●海上交通の安全を維持するための機雷掃海、海上阻止行動その他の活動
●捜索・救難活動
●無人機（UAV）や哨戒機により活動の能力と実効性を増大することを含めた、情報、監視、偵察（ISR）活動
●人道救援活動
●復興支援活動
●平和維持活動及び平和維持のための他国の取組の能力構築
●在日米軍施設・区域を含む重要インフラの警護
●大量破壊兵器（WMD）の廃棄及び除染を含む、大量破壊兵器による攻撃への対応
●補給、整備、輸送といった相互の後方支援活動。補給協力には空中及び海上における給油を相互に行うことが含まれる。輸送協力には航空輸送及び高速輸送艦（HSV）の能力によるものを含めた海上輸送を拡大し、共に実施することが含まれる。
●非戦闘員退避活動（NEO）のための輸送、施設の使用、医療支援その他関連する活動
●港湾・空港、道路、水域・空域及び周波数帯の使用

双方は、以上に明記されていない他の活動分野も同盟の能力にとって引き続き重要であることを強調した。上述の項目は、更なる向上のための鍵となる分野を強調したものであり、可能な協力分野を包括的に列挙することを意図したものではない。

4. 二国間の安全保障・防衛協力の態勢を強化するための不可欠な措置

上述の役割・任務・能力に関する検討に基づき、双方は、更に、新たな安全保障環境において多様な課題に対処するため、二国間の安全保障・防衛協力の態勢を強化する目的で平時からとり得る不可欠な措置を以下のとおり特定した。また、双方は、実効的な二国間の協力を確保するため、これまでの進捗に基づき、役割・任務・能力を引き続き検討することの重要性を強調した。

●緊密かつ継続的な政策及び運用面の調整

双方は、定期的な政策及び運用面の調整が、戦略環境の将来の変化や緊急事態に対する同盟の適時かつ実効的な対応を向上させることを認識した。部隊戦術レベルから戦略的な協議まで、政府のあらゆるレベルで緊密かつ継続的な政策及び運用面の調整を行うことは、不安定化をもたらす軍事力増強を抑制し、侵略を抑止し、多様な安全保障上の課題に対応する上で不可欠である。米軍及び自衛隊の間で共通の運用画面を共有することは、運用面での調整を強化するものであり、可能な場合に追求されるべきで

ある。防衛当局と他の関係当局との間のより緊密な協力もますます必要となっている。この文脈で、双方は、1997年の日米防衛協力のための指針の下での包括的メカニズムと調整メカニズムの実効性を、両者の機能を整理することを通じて向上させる必要性を再確認した。

●計画検討作業の進展

1997年の日米防衛協力のための指針が共同作戦計画についての検討及び相互協力計画についての検討の基礎となっていることを想起しつつ、双方は、安全保障環境の変化を十分に踏まえた上で、これらの検討作業が引き続き必要であることを確認した。この検討作業は、空港及び港湾を含む日本の施設を自衛隊及び米軍が緊急時に使用するための基礎が強化された日本の有事法制を反映するものとなる。双方は、この検討作業を拡大することとし、そのために、検討作業により具体性を持たせ、関連政府機関及び地方当局と緊密に調整し、二国間の枠組みや計画手法を向上させ、一般及び自衛隊の飛行場及び港湾の詳細な調査を実施し、二国間演習プログラムを強化することを通じて検討作業を確認する。

●情報共有及び情報協力の向上

双方は、良く連携がとれた協力のためには共通の情勢認識が鍵であることを認識しつつ、部隊戦術レベルから国家戦略レベルに至るまで情報共有及び情報協力をあらゆる範囲で向上させる。この相互活動を円滑化するため、双方は、関連当局の間でより幅広い情報共有が促進されるよう、共有された秘密情報を保護するために必要な追加的措置をとる。

●相互運用性の向上

自衛隊が統合運用体制に移行するのに際して円滑な協力を確保するため、自衛隊及び米軍は、相互運用性を維持・強化するため定期的な協議を維持する。共同の運用のための計画作業や演習における継続的な協力は、自衛隊と米軍の司令部間の連接性を強化するものであり、安全な通信能力の向上はこのような協力に資する。

●日本及び米国における訓練機会の拡大

双方は、相互運用性の向上、能力の向上、即応性の向上、地元の間での訓練の影響のより公平な分散及び共同の活動の実効性の増大のため、共同訓練及び演習の機会を拡大する。これらの措置には、日本における自衛隊及び米軍の訓練施設・区域の相互使用を増大することが含まれる。また、自衛隊要員及び部隊のグアム、アラスカ、ハワイ及び米本土における訓練も拡大される。

○特に、グアムにおける訓練施設を拡張するとの米国の計画は、グアムにおける自衛隊の訓練機会の増大をもたらす。

○また、双方は、多国間の訓練及び演習への自衛隊及び米軍の参加により、国際的な安全保障環境の改善に対する貢献が高まるものであることを認識した。

●自衛隊及び米軍による施設の共同使用

双方は、自衛隊及び米軍による施設の共同使用が、共同の活動におけるより緊密な連携や相互運用性の向上に寄与することを認識した。施設の共同使用のための具体的な機会については、兵力態勢の再編に関する勧告の中で述べられる（下記参照）。

●弾道ミサイル防衛（BMD）

BMDが、弾道ミサイル攻撃を抑止し、これに対して防御する上で決定的に重要な役割を果たすとともに、他者による弾道ミサイルの開発及び拡散を抑制することができることを強調しつつ、双方は、それぞれのBMD能力の向上を緊密に連携させることの意義を強調した。これらのBMDシステムを支援するため、弾道ミサイルの脅威に対応するための時間が限りなく短いことにかんがみ、双方は、不断の情報収集及び共有並びに高い即応性及び相互運用性の維持が決定的に重要であることを強調した。米国は、適切な場合に、日本及びその周辺に補完的な能力を追加的に展開し、日本のミサイル防衛を支援するためにその運用につき調整する。それぞれのBMD指揮・統制システムの間の緊密な連携は、実効的なミサイル防衛にとって決定的に重要となる。

双方は、1997年の日米防衛協力のための指針の下での二国間協力及び、適切な場合には、現在指針で取り上げられていない追加的な分野における二国間協力の実効性を強化し、改善することを確約した。

Ⅲ．兵力態勢の再編

双方は、沖縄を含む地元の負担を軽減しつつ抑止力を維持するとの共通のコミットメントにかんがみて、在日米軍及び関連する自衛隊の態勢について検討した。安全保障同盟に対する日本及び米国における国民一般の支持は、日本の施設・区域における米軍の持続的なプレゼンスに寄与するものであり、双方は、このような支持を強化することの重要性を認識した。

1．指針となる考え方

検討に当たっては、双方は、二国間の役割・任務・能力についての検討を十分に念頭に置きつつ、日本における兵力態勢の再編の指針となるいくつかの考え方を設定した。

●アジア太平洋地域における米軍のプレゼンスは、地域の平和と安全にとって不可欠であり、かつ、日米両国にとって決定的に重要な中核的能力である。日本は、自らの防衛について主導的な役割を果たしつつ、米軍によって提供される能力に対して追加的かつ補完的な能力を提供する。米軍及び自衛隊のプレゼンスは、地域及び世界における安全保障環境の変化や同盟における役割及び任務についての双方の評価に伴って進展しなければならない。

●再編及び役割・任務・能力の調整を通じて、能力は強化される。これらの能力は、日本の防衛と地域の平和と安全に対する米国のコミットメントの信頼性を支えるものである。

●柔軟かつ即応性のある指揮・統制のための司令部間の連携向上や相互運用性の向上は、日本及び米国にとって決定的に重要な中核的能力である。この文脈で、双方は、在日米軍司令部が二国間の連携を強化する上で引き続き重要であることを認識した。

●定期的な訓練及び演習や、これらの目的のための施設・区域の確保は、兵力の即応性、運用能力及び相互運用性を確保する上で不可欠である。軍事上の任務及び運用上の所要と整合的な場合には、訓練を分散して行うことによって、訓練機会の多様性を増大することができるとともに、訓練が地元に与える負担を軽減するとの付随的な利益を得ることができる。

●自衛隊及び米軍の施設・区域の軍事上の共同使用は、二国間協力の実効性を向上させ、効率性を高める上で有意義である。

●米軍施設・区域には十分な収容能力が必要であり、また、平時における日常的な使用水準以上の収容能力は、緊急時の所要を満たす上で決定的に重要かつ戦略的な役割を果たす。この収容能力は、災害救援や被害対処の状況など、緊急時における地元の必要性を満たす上で不可欠かつ決定的に重要な能力を提供する。

●米軍施設・区域が人口密集地域に集中している場所では、兵力構成の再編の可能性について特別の注意が払われる。

●米軍施設・区域の軍民共同使用を導入する機会は、適切な場合に検討される。このような軍民共同使用の実施は、軍事上の任務及び運用上の所要と両立するものでなければならない。

2．再編に関する勧告

これまでに実施された精力的な協議に基づき、また、これらの基本的考え方に従って、日米安全保障条約及び関連取極を遵守しつつ、以下の具体案について国内及び二国間の調整が速やかに行われる。閣僚は、地元との調整を完了することを確約するとともに、事務当局に対して、これらの個別的かつ相互に関連する具体案を最終的に取りまとめ、具体的な実施日程を含めた計画を２００６年３月までに作成するよう指示した。これらの具体案は、統一的なパッケージの要素となるものであり、パッケージ全体について合意され次第、実施が開始されるものである。双方は、これらの具体案の迅速な実施に求められる必要な措置をとることの重要性を強調した。

●共同統合運用調整の強化

自衛隊を統合運用体制に変革するとの日本国政府の意思を認識しつつ、在日米軍司令部は、横田飛行場に共同統合運用調整所を設置する。この調整所の共同使用により、自衛隊と在日米軍の間の連接性、調整及び相互運用性が不断に確保される。

●米陸軍司令部能力の改善

キャンプ座間の在日米陸軍司令部の能力は、展開可能で統合任務が可能な作戦司令部組織に近代化される。改編された司令部は、日本防衛や他の事態において迅速に対応するための追加的能力を有することになる。この新たな陸軍司令部とその不可分の能力を収容するため、在日米軍施設・区域について調整が行われる。また、機動運用部隊や専門部隊を一元的に運用する陸上自衛隊中央即応集団司令部をキャンプ座間に設置することが追求される。これにより司令部間の連携が強化される。この再編との関連で、キャンプ座間及び相模総合補給廠のより効果的かつ効率的な使用の可能性が探求される。

●航空司令部の併置

現在府中に所在する日本の航空自衛隊航空総隊司令部及び関連部隊は、横田飛行場において米第5空軍司令部と併置されることにより、防空及びミサイル防衛の司令部組織間の連携が強化されるとともに、上記の共同統合運用調整所を通じて関連するセンサー情報が共有される。

●横田飛行場及び空域

2009年に予定されている羽田空港拡張を念頭に置きつつ、横田空域における民間航空機の航行を円滑化するための措置が探求される。検討される選択肢には、米軍が管制を行っている空域の削減や、横田飛行場への日本の管制官の併置が含まれる。加えて、双方は、嘉手納のレーダー進入管制業務の移管プロセスの進捗を考慮する。あり得べき軍民共同使用のための具体的な条件や態様が、共同使用が横田飛行場の運用上の能力を損なってはならないことに留意しつつ、検討される。

●ミサイル防衛

新たな米軍のXバンド・レーダー・システムの日本における最適な展開地が検討される。このレーダーは、適時の情報共有を通じて、日本に向かうミサイルを迎撃する能力、及び、日本の国民保護や被害対処のための能力を支援する。さらに、米国の条約上のコミットメントを支援するため、米国は、適切な場合に、パトリオットやPAC3スタンダード・ミサイル（SM—3）といった積極防御能力を展開する。

●柔軟な危機対応のための地域における米海兵隊の再編

世界的な態勢見直しの取組の一環として、米国は、太平洋における兵力構成を強化するためのいくつかの変更を行ってきている。これらの変更には、海兵隊の緊急事態への対応能力の強化や、それらの能力のハワイ、グアム及び沖縄の間での再分配が含まれる。これによって、個別の事態の性質や場所に応じて、適切な能力を伴った対応がより柔軟になる。また、これらの変更は、地域の諸国との戦域的な安全保障協力の増進を可能とするものであり、これにより、安全保障環境全般が改善される。この再編との関連で、双方は、沖縄の負担を大幅に軽減することにもなる相互に関連する総合的な措置を特定した。

○普天間飛行場移設の加速：沖縄住民が米海兵隊普天間飛行場の早期返還を強く要望し、いかなる普天間飛行場代替施設であっても沖縄県外での設置を希望していることを念頭に置きつつ、双方は、将来も必要であり続ける抑止力を維持しながらこれらの要望を満たす選択肢について検討した。双方は、米海兵隊兵力のプレゼンスが提供する緊急事態への迅速な対応能力は、双方が地域に維持することを望む、決定的に重要な同盟の能力である、と判断した。さらに、双方は、航空、陸、後方支援及び司令部組織から成るこれらの能力を維持するためには、定期的な訓練、演習及び作戦においてこれらの組織が相互に連携し合うことが必要であり続けるということを認識した。このような理由から、双方は、普天間飛行場代替施設は、普天間飛行場に現在駐留する回転翼機が、日常的に活動をともにする他の組織の近くに位置するよう、沖縄県内に設けられなければならないと結論付けた。

○双方は、海の深い部分にある珊瑚礁上の軍民共用施設に普天間飛行場を移設するという、1996年の沖縄に関する特別行動委員会（SACO）の計画に関連する多くの問題のために、普天間飛行場の移設が大幅に遅延していることを認識し、運用上の能力を維持しつつ、普天間飛行場の返還を加速できるような、沖縄県内での移設のあり得べき他の多くの選択肢を検討した。双方は、この作業において、以下を含む複数の要素を考慮した。

・近接する地域及び軍要員の安全
・普天間飛行場代替施設の近隣で起こり得る、将来的な住宅及び商業開発の態様を考慮した、地元への騒音の影響
・環境に対する悪影響の極小化
・平時及び緊急時において運用上及び任務上の

（注）このページ内の傍線は引用者。

所要を支援するための普天間飛行場代替施設の能力

・地元住民の生活に悪影響を与えかねない交通渋滞その他の諸問題の発生を避けるために、普天間飛行場代替施設の中に必要な運用上の支援施設、宿泊及び関連の施設を含めること

○このような要素に留意しつつ、双方は、キャンプ・シュワブの海岸線の区域とこれに近接する大浦湾の水域を結ぶL字型に普天間代替施設を設置する。同施設の滑走路部分は、大浦湾から、キャンプ・シュワブの南側海岸線に沿った水域へと辺野古崎を横切ることになる。北東から南西の方向に配置される同施設の下方部分は、滑走路及びオーバーランを含み、護岸を除いた合計の長さが1800メートルとなる。格納庫、整備施設、燃料補給用の桟橋及び関連設備、並びに新たな施設の運用上必要なその他の航空支援活動は、代替施設のうち大浦湾内に建設される予定の区域に置かれる。さらに、キャンプ・シュワブ区域内の施設は、普天間飛行場に関連する活動の移転を受け入れるために、必要に応じて、再編成される。（参照：2005年10月26日付のイニシャルされた概念図）

○両政府は、普天間飛行場に現在ある他の能力が、以下の調整が行われた上で、SACO最終報告にあるとおり、移設され、維持されることで一致した。

・SACO最終報告において普天間飛行場から岩国飛行場に移駐されることとなっているKC―130については、他の移駐先として、海上自衛隊鹿屋基地が優先して、検討される。双方は、最終的な配置の在り方については、現在行われている運用上及び技術上の検討を基に決定することとなる。

・緊急時における航空自衛隊新田原基地及び築城基地の米軍による使用が強化される。この緊急時の使用を支援するため、これらの基地の運用施設が整備される。また、整備後の施設は、この報告の役割・任務・能力の部分で記載されている、拡大された二国間の訓練活動を支援することとなる。

・普天間飛行場代替施設では確保されない長い滑走路を用いた活動のため、緊急時における米軍による民間施設の使用を改善する。

○双方は、上述の措置を早期に実現することが、長期にわたり望まれてきた普天間飛行場返還の実現に加えて、沖縄における海兵隊のプレゼンスを再編する上で不可欠の要素であることを認識した。

○**兵力削減**：上記の太平洋地域における米海兵隊

の能力再編に関連し、第3海兵機動展開部隊（ⅢMEF）司令部はグアム及び他の場所に移転され、また、残りの在沖縄海兵隊部隊は再編されて海兵機動展開旅団（MEB）に縮小される。この沖縄における再編は、約7000名の海兵隊将校及び兵員、並びにその家族の沖縄外への移転を含む。これらの要員は、海兵隊航空団、戦務支援群及び第3海兵師団の一部を含む、海兵隊の能力（航空、陸、後方支援及び司令部）の各組織の部隊から移転される。

○日本国政府は、このような兵力の移転が早期に実現されることへの沖縄住民の強い希望を認識しつつ、米国政府と協力して、これらのグアムへの移転を実現可能とするための適切な資金的その他の措置を見出すための検討を行う。

○土地の返還及び施設の共同使用：上記の普天間飛行場移設及び兵力削減が成功裡に行われることが、兵力の更なる統合及び土地の返還を可能にすることを認識しつつ、双方は、沖縄に残る海兵隊部隊を、土地の総面積を縮小するように統合する構想について議論した。これは、嘉手納飛行場以南の人口が集中している地域にある相当規模の土地の返還を可能にする。米国は、日本国政府と協力して、この構想の具体的な計画を作成し、実施する意思を強調した。

○さらに、自衛隊がアクセスを有する沖縄の施設が限られており、またその大半が都市部にあることを認識しつつ、米国は、日本国政府と協力して、嘉手納飛行場、キャンプ・ハンセンその他の沖縄にある米軍施設・区域の共同使用を実施する意思も強調した。このような共同使用は、この報告の役割・任務・能力の部分に記述されているように、共同訓練並びに自衛隊及び米軍の間の相互運用性を促進し、それにより、全体的な同盟の能力を強化するものと双方は考える。

○SACO最終報告の着実な実施：双方は、この文書における勧告によって変更されない限りにおいて、SACO最終報告の着実な実施の重要性を確認した。

●空母艦載機の厚木飛行場から岩国飛行場への移駐

米空母及び艦載機の長期にわたる前方展開の能力を確保するため、空母艦載ジェット機及びE—2C飛行隊は、厚木飛行場から、滑走路移設事業終了後には周辺地域の生活環境への影響がより少ない形で安全かつ効果的な航空機の運用のために必要な施設及び訓練空域を備えることとなる岩国飛行場に移駐される。岩国飛行場における運用の増大による影響を緩和するため、以下の関連措置がとられる。

○海上自衛隊EP—3、OP—3、UP—3飛行

隊等の岩国飛行場から厚木飛行場への移駐。

○すべての米海軍及び米海兵隊航空機の十分な即応性の水準の維持を確保するための訓練空域の調整。

○空母艦載機離発着訓練のための恒常的な訓練施設の特定。それまでの間、現在の暫定的な措置に従い、米国は引き続き硫黄島で空母艦載機離発着訓練を実施する。日本国政府は、米海軍航空兵力の空母艦載機離発着訓練のために受け入れ可能な恒常的な訓練施設を提供するとのコミットメントを再確認する。

○KC—130を受け入れるために海上自衛隊鹿屋基地において必要な施設の整備。これらの施設は、同盟の能力及び柔軟性を増大するために、日本の他の場所からの追加的な自衛隊又は米軍のC—130又はP—3航空機の一時的な展開を支援するためにも活用される。

○岩国飛行場に配置される米海軍及び米海兵隊部隊、並びに民間航空の活動を支援するために必要な追加的施設、インフラ及び訓練区域の整備。

●訓練の移転

この報告で議論された二国間の相互運用性を向上させる必要性に従うとともに、訓練活動の影響を軽減するとの目標を念頭に、嘉手納飛行場を始めとして、三沢飛行場や岩国飛行場といった米軍航空施設から他の軍用施設への訓練の分散を拡大することに改めて注意が払われる。

●在日米軍施設の収容能力の効率的使用

在日米軍施設の収容能力の効率的使用に関連して、米国と日本国政府及び地元との協力を強化するための機会が、運用上の要請及び安全性と整合的な場合に追求される。例えば、双方は、災害救援や被害対処といった緊急時における地元の必要性を満たすため、相模総合補給廠の収容能力を活用する可能性を探求する。

この報告の他の部分で取り扱われなかった米軍施設・区域及び兵力構成における将来の変更は、日米安全保障条約及びその関連取極の下での現在の慣行に従って取り扱われる。

〈資料2〉「集団的自衛権・閣議決定」

※日本国憲法成立後はじめて、集団的自衛権の行使容認を国会での議論もないまま決定。

国の存立を全うし、国民を守るための切れ目のない安全保障法制の整備について

平成26年（２０１４）７月１日
国家安全保障会議決定
閣議決定

我が国は、戦後一貫して日本国憲法の下で平和国家として歩んできた。専守防衛に徹し、他国に脅威を与えるような軍事大国とはならず、非核三原則を守るとの基本方針を堅持しつつ、国民の営々とした努力により経済大国として栄え、安定して豊かな国民生活を築いてきた。また、我が国は、平和国家としての立場から、国際連合憲章を遵守しながら、国際社会や国際連合を始めとする国際機関と連携し、それらの活動に積極的に寄与している。こうした我が国の平和国家としての歩みは、国際社会において高い評価と尊敬を勝ち得てきており、これをより確固たるものにしなければならない。

一方、日本国憲法の施行から67年となる今日までの間に、我が国を取り巻く安全保障環境は根本的に変容するとともに、更に変化し続け、我が国は複雑かつ重大な国家安全保障上の課題に直面している。国際連合憲章が理想として掲げたいわゆる正規の「国連軍」は実現のめどが立っていないことに加え、冷戦終結後の四半世紀だけをとっても、グローバルなパワーバランスの変化、技術革新の急速な進展、大量破壊兵器や弾道ミサイルの開発及び拡散、国際テロなどの脅威により、アジア太平洋地域において問題や緊張が生み出されるとともに、脅威が世界のどの地域において発生しても、我が国の安全保障に直接的な影響を及ぼし得る状況になっている。さらに、近年では、海洋、宇宙空間、サイバー空間に対する自由なアクセス及びその活用を妨げるリスクが拡散し深刻化している。もはや、どの国も一国のみで平和を守ることはできず、国際社会もまた、我が国がその国力にふさわしい形で一層積極的な役割を果たすことを期待している。

政府の最も重要な責務は、我が国の平和と安全を維持し、その存立を全うするとともに、国民の命を守ることである。我が国を取り巻く安全保障環境の変化に対応し、政府としての責務を果たすためには、まず、十分な体制をもって力強い外交を推進することにより、安定しかつ見通しがつきやすい国際環境を創出し、脅威の出現を未然に防ぐとともに、国際法にのっとって行動し、法の支配を重視することに

より、紛争の平和的な解決を図らなければならない。

さらに、我が国自身の防衛力を適切に整備、維持、運用し、同盟国である米国との相互協力を強化するとともに、域内外のパートナーとの信頼及び協力関係を深めることが重要である。特に、我が国の安全及びアジア太平洋地域の平和と安定のために、日米安全保障体制の実効性を一層高め、日米同盟の抑止力を向上させることにより、武力紛争を未然に回避し、我が国に脅威が及ぶことを防止することが必要不可欠である。その上で、いかなる事態においても国民の命と平和な暮らしを断固として守り抜くとともに、国際協調主義に基づく「積極的平和主義」の下、国際社会の平和と安定にこれまで以上に積極的に貢献するためには、切れ目のない対応を可能とする国内法制を整備しなければならない。

5月15日に「安全保障の法的基盤の再構築に関する懇談会」から報告書が提出され、同日に安倍内閣総理大臣が記者会見で表明した基本的方向性に基づき、これまで与党において協議を重ね、政府としても検討を進めてきた。今般、与党協議の結果に基づき、政府として、以下の基本方針に従って、国民の命と平和な暮らしを守り抜くために必要な国内法制を速やかに整備することとする。

1　武力攻撃に至らない侵害への対処

(1)　我が国を取り巻く安全保障環境が厳しさを増していることを考慮すれば、純然たる平時でも有事でもない事態が生じやすく、これにより更に重大な事態に至りかねないリスクを有している。こうした武力攻撃に至らない侵害に際し、警察機関と自衛隊を含む関係機関が基本的な役割分担を前提として、より緊密に協力し、いかなる不法行為に対しても切れ目のない十分な対応を確保するための態勢を整備することが一層重要な課題となっている。

(2)　具体的には、こうした様々な不法行為に対処するため、警察や海上保安庁などの関係機関が、それぞれの任務と権限に応じて緊密に協力して対応するとの基本方針の下、各々の対応能力を向上させ、情報共有を含む連携を強化し、具体的な対応要領の検討や整備を行い、命令発出手続を迅速化するとともに、各種の演習や訓練を充実させるなど、各般の分野における必要な取組を一層強化することとする。

(3)　このうち、手続の迅速化については、離島の周辺地域等において外部から武力攻撃に至らない侵害が発生し、近傍に警察力が存在しない場合や警察機関が直ちに対応できない場合（武装集団の所持する武器等のために対応できない場合を含む。）の対応において、治安出動や海上における警備行動を発令するための関連規定の適用関係についてあらかじめ十分に検討し、関係機関において共通の認識を確立しておくとともに、手続を経ている間に、不法行為による被害が拡大することがないよう、状況に応じた早期の下令や手続の迅速化のための方策について具体的に検討することとする。

(4) さらに、我が国の防衛に資する活動に現に従事する米軍部隊に対して攻撃が発生し、それが状況によっては武力攻撃にまで拡大していくような事態においても、自衛隊と米軍が緊密に連携して切れ目のない対応をすることが、我が国の安全の確保にとっても重要である。自衛隊と米軍部隊が連携して行う平素からの各種活動に際して、米軍部隊に対して武力攻撃に至らない侵害が発生した場合を想定し、自衛隊法第95条による武器等防護のための「武器の使用」の考え方を参考にしつつ、自衛隊と連携して我が国の防衛に資する活動（共同訓練を含む。）に現に従事している米軍部隊の武器等であれば、米国の要請又は同意があることを前提に、当該武器等を防護するための自衛隊法第95条によるものと同様の極めて受動的かつ限定的な必要最小限の「武器の使用」を自衛隊が行うことができるよう、法整備をすることとする。

2 国際社会の平和と安定への一層の貢献

(1) いわゆる後方支援と「武力の行使との一体化」

ア いわゆる後方支援と言われる支援活動それ自体は、「武力の行使」に当たらない活動である。例えば、国際の平和及び安全が脅かされ、国際社会が国際連合安全保障理事会決議に基づいて一致団結して対応するようなときに、我が国が当該決議に基づき正当な「武力の行使」を行う他国軍隊に対してこうした支援活動を行うことが必要な場合がある。一方、憲法第9条との関係で、我が国による支援活動については、他国の「武力の行使と一体化」することにより、我が国自身が憲法の下で認められない「武力の行使」を行ったとの法的評価を受けることがないよう、これまでの法律においては、活動の地域を「後方地域」や、いわゆる「非戦闘地域」に限定するなどの法律上の枠組みを設定し、「武力の行使との一体化」の問題が生じないようにしてきた。

イ こうした法律上の枠組みの下でも、自衛隊は、各種の支援活動を着実に積み重ね、我が国に対する期待と信頼は高まっている。安全保障環境が更に大きく変化する中で、国際協調主義に基づく「積極的平和主義」の立場から、国際社会の平和と安定のために、自衛隊が幅広い支援活動で十分に役割を果たすことができるようにすることが必要である。また、このような活動をこれまで以上に支障なくできるようにすることは、我が国の平和及び安全の確保の観点からも極めて重要である。

ウ　政府としては、いわゆる「武力の行使との一体化」論それ自体は前提とした上で、その議論の積み重ねを踏まえつつ、これまでの自衛隊の活動の実経験、国際連合の集団安全保障措置の実態等を勘案して、従来の「後方地域」あるいはいわゆる「非戦闘地域」といった自衛隊が活動する範囲をおよそ一体化の問題が生じない地域に一律に区切る枠組みではなく、他国が「現に戦闘行為を行っている現場」ではない場所で実施する補給、輸送などの我が国の支援活動については、当該他国の「武力の行使と一体化」するものではないという認識を基本とした以下の考え方に立って、我が国の安全の確保や国際社会の平和と安定のために活動する他国軍隊に対して、必要な支援活動を実施できるようにするための法整備を進めることとする。

(ア)我が国の支援対象となる他国軍隊が「現に戦闘行為を行っている現場」では、支援活動は実施しない。

(イ)仮に、状況変化により、我が国が支援活動を実施している場所が「現に戦闘行為を行っている現場」となる場合には、直ちにそこで実施している支援活動を休止又は中断する。

(2)国際的な平和協力活動に伴う武器使用

ア　我が国は、これまで必要な法整備を行い、過去20年以上にわたり、国際的な平和協力活動を実施してきた。その中で、いわゆる「駆け付け警護」に伴う武器使用や「任務遂行のための武器使用」については、これを「国家又は国家に準ずる組織」に対して行った場合には、憲法第9条が禁ずる「武力の行使」に該当するおそれがあることから、国際的な平和協力活動に従事する自衛官の武器使用権限はいわゆる自己保存型と武器等防護に限定してきた。

イ　我が国としては、国際協調主義に基づく「積極的平和主義」の立場から、国際社会の平和と安定のために一層取り組んでいく必要があり、そのために、国際連合平和維持活動（PKO）などの国際的な平和協力活動に十分かつ積極的に参加できることが重要である。また、自国領域内に所在する外国人の保護は、国際法上、当該領域国の義務であるが、多くの日本人が海外で活躍し、テロなどの緊急事態に巻き込まれる可能性がある中で、当該領域国の受入れ同意がある場合には、武器使用を伴う在外邦人の救出についても対応できるようにする必要がある。

ウ　以上を踏まえ、我が国として、「国家又は国家に準ずる組織」が敵対するものとして登場しないことを確保した上で、国際連合平和維持活動などの「武力の行使」を伴わない国際的な平和協力活動におけるいわゆる「駆け付け警護」に伴う武器使用及び「任務遂行のための武器使用」のほか、領域国の同意に基づく邦人救出などの「武力の行使」を伴わない警察的な活動ができるよう、以下の考え方を基本として、法整備を進めることとする。

(ア)国際連合平和維持活動等については、PKO参加5原則の枠組みの下で、「当該活動が行われる地域の属する国の同意」及び「紛争当事者の当該活動が行われることについての同意」が必要とされており、受入れ同意をしている紛争当事者以外の「国家に準ずる組織」が敵対するものとして登場することは基本的にないと考えられる。このことは、過去20年以上にわたる我が国の国際連合平和維持活動等の経験からも裏付けられる。近年の国際連合平和維持活動において重要な任務と位置付けられている住民保護などの治安の維持を任務とする場合を含め、任務の遂行に際して、自己保存及び武器等防護を超える武器使用が見込まれる場合には、特に、その活動の性格上、紛争当事者の受入れ同意が安定的に維持されていることが必要である。

(イ)自衛隊の部隊が、領域国政府の同意に基づき、当該領域国における邦人救出などの「武力の行使」を伴わない警察的な活動を行う場合には、領域国政府の同意が及ぶ範囲、すなわち、その領域において権力が維持されている範囲で活動することは当然であり、これは、その範囲においては「国家に準ずる組織」は存在していないということを意味する。

(ウ)受入れ同意が安定的に維持されているかや領域国政府の同意が及ぶ範囲等については、国家安全保障会議における審議等に基づき、内閣として判断する。

(エ)なお、これらの活動における武器使用については、警察比例の原則に類似した厳格な比例原則が働くという内在的制約がある。

3　憲法第9条の下で許容される自衛の措置

(1)我が国を取り巻く安全保障環境の変化に対応

し、いかなる事態においても国民の命と平和な暮らしを守り抜くためには、これまでの憲法解釈のままでは必ずしも十分な対応ができないおそれがあることから、いかなる解釈が適切か検討してきた。その際、政府の憲法解釈には論理的整合性と法的安定性が求められる。したがって、従来の政府見解における憲法第9条の解釈の基本的な論理の枠内で、国民の命と平和な暮らしを守り抜くための論理的な帰結を導く必要がある。

(2) 憲法第9条はその文言からすると、国際関係における「武力の行使」を一切禁じているように見えるが、憲法前文で確認している「国民の平和的生存権」や憲法第13条が「生命、自由及び幸福追求に対する国民の権利」は国政の上で最大の尊重を必要とする旨定めている趣旨を踏まえて考えると、憲法第9条が、我が国が自国の平和と安全を維持し、その存立を全うするために必要な自衛の措置を採ることを禁じているとは到底解されない。一方、この自衛の措置は、あくまで外国の武力攻撃によって国民の生命、自由及び幸福追求の権利が根底から覆されるという急迫、不正の事態に対処し、国民のこれらの権利を守るためのやむを得ない措置として初めて容認されるものであり、そのための必要最小限度の「武力の行使」は許容される。これが、憲法第9条の下で例外的に許容される「武力の行使」について、従来から政府が一貫して表明してきた見解の根幹、いわば基本的な論理であり、昭和47年10月14日に参議院決算委員会に対し政府から提出された資料「集団的自衛権と憲法との関係」に明確に示されているところである。

この基本的な論理は、憲法第9条の下では今後とも維持されなければならない。

(3) これまで政府は、この基本的な論理の下、「武力の行使」が許容されるのは、我が国に対する武力攻撃が発生した場合に限られると考えてきた。しかし、冒頭で述べたように、パワーバランスの変化や技術革新の急速な進展、大量破壊兵器などの脅威等により我が国を取り巻く安全保障環境が根本的に変容し、変化し続けている状況を踏まえれば、今後他国に対して発生する武力攻撃であったとしても、その目的、規模、態様等によっては、我が国の存立を脅かすことも現実に起こり得る。

我が国としては、紛争が生じた場合にはこれを平和的に解決するために最大限の外交努力を尽くすとともに、これまでの憲法解釈に基づいて整備されてきた既存の国内法令による対応や当該憲法解釈の枠内で可能な法整備などあらゆる必要な対応を採ることは当然であるが、それでもなお我が国の存立を全うし、国民を守るために万全を期す必要がある。

こうした問題意識の下に、現在の安全保障環境に照らして慎重に検討した結果、我が国に対する武力攻撃が発生した場合のみならず、我が国と密接な関係にある他国に対する武力攻撃が発生し、これにより我が国の存立が脅かされ、国民の生命、自由及び幸福追求の権利が根底から覆される明白な危険がある場合において、これを排除し、我が国の存立を全うし、国民を守るために他に適当な手段がないときに、必要最小限度の実力を行使することは、従来の政府見解の基本的な論理に基づく自衛のための措置として、憲法上許容されると考えるべきであると判断するに至った。

(4)我が国による「武力の行使」が国際法を遵守して行われることは当然であるが、国際法上の根拠と憲法解釈は区別して理解する必要がある。憲法上許容される上記の「武力の行使」は、国際法上は、集団的自衛権が根拠となる場合がある。この「武力の行使」には、他国に対する武力攻撃が発生した場合を契機とするものが含まれるが、憲法上は、あくまでも我が国の存立を全うし、国民を守るため、すなわち、我が国を防衛するためのやむを得ない自衛の措置として初めて許容されるものである。

(5)また、憲法上「武力の行使」が許容されるとしても、それが国民の命と平和な暮らしを守るためのものである以上、民主的統制の確保が求められることは当然である。政府としては、我が国ではなく他国に対して武力攻撃が発生した場合に、憲法上許容される「武力の行使」を行うために自衛隊に出動を命ずるに際しては、現行法令に規定する防衛出動に関する手続と同様、原則として事前に国会の承認を求めることを法案に明記することとする。

4 今後の国内法整備の進め方

これらの活動を自衛隊が実施するに当たっては、国家安全保障会議における審議等に基づき、内閣として決定を行うこととする。こうした手続を含めて、実際に自衛隊が活動を実施できるようにするためには、根拠となる国内法が必要となる。政府として、以上述べた基本方針の下、国民の命と平和な暮らしを守り抜くために、あらゆる事態に切れ目のない対応を可能とする法案の作成作業を開始することとし、十分な検討を行い、準備ができ次第、国会に提出し、国会における御審議を頂くこととする。

（以 上）

〈資料3〉「日米新ガイドライン」

※「集団的自衛権」の行使により、世界のどこででも「切れ目のない日米共同の対応」として自衛隊が米軍支援をおこなうことを約束。

日米防衛協力のための指針

２０１５年４月27日

Ⅰ．防衛協力と指針の目的

平時から緊急事態までのいかなる状況においても日本の平和及び安全を確保するため、また、アジア太平洋地域及びこれを越えた地域が安定し、平和で繁栄したものとなるよう、日米両国間の安全保障及び防衛協力は、次の事項を強調する。

・切れ目のない、力強い、柔軟かつ実効的な日米共同の対応

・日米両政府の国家安全保障政策間の相乗効果

・政府一体となっての同盟としての取組

・地域の及び他のパートナー並びに国際機関との協力

・日米同盟のグローバルな性質

日米両政府は、日米同盟を継続的に強化する。各政府は、その国家安全保障政策に基づき、各自の防衛態勢を維持する。日本は、「国家安全保障戦略」及び「防衛計画の大綱」に基づき防衛力を保持する。米国は、引き続き、その核戦力を含むあらゆる種類の能力を通じ、日本に対して拡大抑止を提供する。米国はまた、引き続き、アジア太平洋地域において即応態勢にある戦力を前方展開するとともに、それらの戦力を迅速に増強する能力を維持する。

日米防衛協力のための指針（以下「指針」という。）は、二国間の安全保障及び防衛協力の実効性を向上させるため、日米両国の役割及び任務並びに協力及び調整の在り方についての一般的な大枠及び政策的な方向性を示す。これにより、指針は、平和及び安全を促進し、紛争を抑止し、経済的な繁栄の基盤を確実なものとし、日米同盟の重要性についての国内外の理解を促進する。

Ⅱ．基本的な前提及び考え方

指針並びにその下での行動及び活動は、次の基本的な前提及び考え方に従う。

A．日本国とアメリカ合衆国との間の相互協力及び安全保障条約（日米安全保障条約）及びその関連取極に基づく権利及び義務並びに日米同盟関係の基本的な枠組みは、変更されない。

B．日本及び米国により指針の下で行われる全ての行動及び活動は、紛争の平和的解決及び国家の主権平等に関するものその他の国際連合憲章の規定

並びにその他の関連する国際約束を含む国際法に合致するものである。

C. 日本及び米国により行われる全ての行動及び活動は、各々の憲法及びその時々において適用のある国内法令並びに国家安全保障政策の基本的な方針に従って行われる。日本の行動及び活動は、専守防衛、非核三原則等の日本の基本的な方針に従って行われる。

D. 指針は、いずれの政府にも立法上、予算上、行政上又はその他の措置をとることを義務付けるものではなく、また、指針は、いずれの政府にも法的権利又は義務を生じさせるものではない。しかしながら、二国間協力のための実効的な態勢の構築が指針の目標であることから、日米両政府が、各々の判断に従い、このような努力の結果を各々の具体的な政策及び措置に適切な形で反映することが期待される。

III. 強化された同盟内の調整

指針の下での実効的な二国間協力のため、平時から緊急事態まで、日米両政府が緊密な協議並びに政策面及び運用面の的確な調整を行うことが必要となる。

二国間の安全保障及び防衛協力の成功を確かなものとするため、日米両政府は、十分な情報を得て、様々なレベルにおいて調整を行うことが必要となる。この目標に向かって、日米両政府は、情報共有を強化し、切れ目のない、実効的な、全ての関係機関を含む政府全体にわたる同盟内の調整を確保するため、あらゆる経路を活用する。この目的のため、日米両政府は、新たな、平時から利用可能な同盟調整メカニズムを設置し、運用面の調整を強化し、共同計画の策定を強化する。

A. 同盟調整メカニズム

持続する、及び発生する脅威は、日米両国の平和及び安全に対し深刻かつ即時の影響を与え得る。日米両政府は、日本の平和及び安全に影響を与える状況その他の同盟としての対応を必要とする可能性があるあらゆる状況に切れ目のない形で実効的に対処するため、同盟調整メカニズムを活用する。このメカニズムは、平時から緊急事態までのあらゆる段階において自衛隊及び米軍により実施される活動に関連した政策面及び運用面の調整を強化する。このメカニズムはまた、適時の情報共有並びに共通の情勢認識の構築及び維持に寄与する。日米両政府は、実効的な調整を確保するため、必要な手順及び基盤(施設及び情報通信システムを含む。)を確立するとともに、定期的な訓練・演習を実施する。

日米両政府は、同盟調整メカニズムにおける調整の手順及び参加機関の構成の詳細を状況に応じたものとする。この手順の一環として、平時から、連絡窓口に係る情報が共有され及び保持される。

B．強化された運用面の調整

柔軟かつ即応性のある指揮・統制のための強化された二国間の運用面の調整は、日米両国にとって決定的に重要な中核的能力である。この文脈において、日米両政府は、自衛隊と米軍との間の協力を強化するため、運用面の調整機能が併置されることが引き続き重要であることを認識する。

自衛隊及び米軍は、緊密な情報共有を確保し、平時から緊急事態までの調整を円滑にし及び国際的な活動を支援するため、要員の交換を行う。自衛隊及び米軍は、緊密に協力し及び調整しつつ、各々の指揮系統を通じて行動する。

C．共同計画の策定

日米両政府は、自衛隊及び米軍による整合のとれた運用を円滑かつ実効的に行うことを確保するため、引き続き、共同計画を策定し及び更新する。日米両政府は、計画の実効性及び柔軟、適時かつ適切な対処能力を確保するため、適切な場合に、運用面及び後方支援面の所要並びにこれを満たす方策をあらかじめ特定することを含め、関連情報を交換する。

日米両政府は、平時において、日本の平和及び安全に関連する緊急事態について、各々の政府の関係機関を含む改良された共同計画策定メカニズムを通じ、共同計画の策定を行う。共同計画は、適切な場合に、関係機関からの情報を得つつ策定される。日米安全保障協議委員会は、引き続き、方向性の提示、このメカニズムの下での計画の策定に係る進捗の確認及び必要に応じた指示の発出について責任を有する。日米安全保障協議委員会は、適切な下部組織により補佐される。

共同計画は、日米両政府双方の計画に適切に反映される。

Ⅳ．日本の平和及び安全の切れ目のない確保

持続する、及び発生する脅威は、日本の平和及び安全に対し深刻かつ即時の影響を与え得る。この複雑さを増す安全保障環境において、日米両政府は、日本に対する武力攻撃を伴わない時の状況を含め、平時から緊急事態までのいかなる段階においても、切れ目のない形で、日本の平和及び安全を確保するための措置をとる。この文脈において、日米両政府はまた、パートナーとの更なる協力を推進する。

日米両政府は、これらの措置が、各状況に応じた柔軟、適時かつ実効的な二国間の調整に基づいてとられる必要があること、及び同盟としての適切な対応のためには省庁間調整が不可欠であることを認識する。したがって、日米両政府は、適切な場合に、次の目的のために政府全体にわたる同盟調整メカニ

ズムを活用する。
・状況を評価すること
・情報を共有すること、及び
・柔軟に選択される抑止措置及び事態の緩和を目的とした行動を含む同盟としての適切な対応を実施するための方法を立案すること

日米両政府はまた、これらの二国間の取組を支えるため、日本の平和及び安全に影響を与える可能性がある事項に関する適切な経路を通じた戦略的な情報発信を調整する。

A．平時からの協力措置

日米両政府は、日本の平和及び安全の維持を確保するため、日米同盟の抑止力及び能力を強化するための、外交努力によるものを含む広範な分野にわたる協力を推進する。

自衛隊及び米軍は、あらゆるあり得べき状況に備えるため、相互運用性、即応性及び警戒態勢を強化する。このため、日米両政府は、次のものを含むが、これに限られない措置をとる。

1．情報収集、警戒監視及び偵察

日米両政府は、日本の平和及び安全に対する脅威のあらゆる兆候を極力早期に特定し並びに情報収集及び分析における決定的な優越を確保するため、共通の情勢認識を構築し及び維持しつつ、情報を共有し及び保護する。これには、関係機関間の調整及び協力の強化を含む。

自衛隊及び米軍は、各々のアセットの能力及び利用可能性に応じ、情報収集、警戒監視及び偵察（ＩＳＲ）活動を行う。これには、日本の平和及び安全に影響を与え得る状況の推移を常続的に監視することを確保するため、相互に支援する形で共同のＩＳＲ活動を行うことを含む。

2．防空及びミサイル防衛

自衛隊及び米軍は、弾道ミサイル発射及び経空の侵入に対する抑止及び防衛態勢を維持し及び強化する。日米両政府は、早期警戒能力、相互運用性、ネットワーク化による監視範囲及びリアルタイムの情報交換を拡大するため並びに弾道ミサイル対処能力の総合的な向上を図るため、協力する。さらに、日米両政府は、引き続き、挑発的なミサイル発射及びその他の航空活動に対処するに当たり緊密に調整する。

3．海洋安全保障

日米両政府は、航行の自由を含む国際法に基づく海洋秩序を維持するための措置に関し、相互に緊密に協力する。自衛隊及び米軍は、必要に応じて関係機関との調整によるものを含め、海洋監視情報の共有を更に構築し及び強化しつつ、適切な場合に、ＩＳＲ及び訓練・演習を通じた海洋における日米両国のプレゼンスの維持及び強化等の様々な取組におい

て協力する。

4．アセット（装備品等）の防護

自衛隊及び米軍は、訓練・演習中を含め、連携して日本の防衛に資する活動に現に従事している場合であって適切なときは、各々のアセット（装備品等）を相互に防護する。

5．訓練・演習

自衛隊及び米軍は、相互運用性、持続性及び即応性を強化するため、日本国内外双方において、実効的な二国間及び多国間の訓練・演習を実施する。適時かつ実践的な訓練・演習は、抑止を強化する。日米両政府は、これらの活動を支えるため、訓練場、施設及び関連装備品が利用可能、アクセス可能かつ現代的なものであることを確保するために協力する。

6．後方支援

日本及び米国は、いかなる段階においても、各々自衛隊及び米軍に対する後方支援の実施を主体的に行う。自衛隊及び米軍は、日本国の自衛隊とアメリカ合衆国軍隊との間における後方支援、物品又は役務の相互の提供に関する日本国政府とアメリカ合衆国政府との間の協定（日米物品役務相互提供協定）及びその関連取決めに規定する活動について、適切な場合に、補給、整備、輸送、施設及び衛生を含むが、これらに限らない後方支援を相互に行う。

7．施設の使用

日米両政府は、自衛隊及び米軍の相互運用性を拡大し並びに柔軟性及び抗たん性を向上させるため、施設・区域の共同使用を強化し、施設・区域の安全の確保に当たって協力する。日米両政府はまた、緊急事態へ備えることの重要性を認識し、適切な場合に、民間の空港及び港湾を含む施設の実地調査の実施に当たって協力する。

B．日本の平和及び安全に対して発生する脅威への対処

同盟は、日本の平和及び安全に重要な影響を与える事態に対処する。当該事態については地理的に定めることはできない。この節に示す措置は、当該事態にいまだ至ってない状況において、両国の各々の国内法令に従ってとり得るものを含む。早期の状況把握及び二国間の行動に関する状況に合わせた断固たる意思決定は、当該事態の抑止及び緩和に寄与する。

日米両政府は、日本の平和及び安全を確保するため、平時からの協力的措置を継続することに加え、外交努力を含むあらゆる手段を追求する。日米両政府は、同盟調整メカニズムを活用しつつ、各々の決定により、次に掲げるものを含むが、これらに限らない追加的措置をとる。

1．非戦闘員を退避させるための活動

日本国民又は米国国民である非戦闘員を第三国から安全な地域に退避させる必要がある場合、各政府は、自国民の退避及び現地当局との関係の処理について責任を有する。日米両政府は、適切な場合に、日本国民又は米国国民である非戦闘員の退避を計画するに当たり調整し及び当該非戦闘員の退避の実施に当たって協力する。これらの退避活動は、輸送手段、施設等の各国の能力を相互補完的に使用して実施される。日米両政府は、各々、第三国の非戦闘員に対して退避に係る援助を行うことを検討することができる。

日米両政府は、退避者の安全、輸送手段及び施設、通関、出入国管理及び検疫、安全な地域、衛生等の分野において協力を実施するため、適切な場合に、同盟調整メカニズムを通じ初期段階からの調整を行う。日米両政府は、適切な場合に、訓練・演習の実施によるものを含め、非戦闘員を退避させるための活動における調整を平時から強化する。

2．海洋安全保障

日米両政府は、各々の能力を考慮しつつ、海洋安全保障を強化するため、緊密に協力する。協力的措置には、情報共有及び国際連合安全保障理事会決議その他の国際法上の根拠に基づく船舶の検査を含み得るが、これらに限らない。

3．避難民への対応のための措置

日米両政府は、日本への避難民の流入が発生するおそれがある又は実際に始まるような状況に至る場合には、国際法上の関係する義務に従った人道的な方法で避難民を扱いつつ、日本の平和及び安全を維持するために協力する。当該避難民への対応については、日本が主体的に実施する。米国は、日本からの要請に基づき、適切な支援を行う。

4．捜索・救難

日米両政府は、適切な場合に、捜索・救難活動において協力し及び相互に支援する。自衛隊は、日本の国内法令に従い、適切な場合に、関係機関と協力しつつ、米国による戦闘捜索・救難活動に対して支援を行う。

5．施設・区域の警護

自衛隊及び米軍は、各々の施設・区域を関係当局と協力して警護する責任を有する。日本は、米国からの要請に基づき、米軍と緊密に協力し及び調整しつつ、日本国内の施設・区域の追加的な警護を実施する。

6．後方支援

日米両政府は、実効的かつ効率的な活動を可能とするため、適切な場合に、相互の後方支援（補給、整備、輸送、施設及び衛生を含むが、これらに限らない。）を強化する。

これらには、運用面及び後方支援面の所要の迅速な確認並びにこれを満たす方策の実施を含む。日本政府は、中央政府及び地方公共団体の機関が有する権限及び能力並びに民間が有する能力を適切に活用する。日本政府は、自国の国内法令に従い、適切な場合に、後方支援及び関連支援を行う。

7．施設の使用

日本政府は、日米安全保障条約及びその関連取極に従い、必要に応じて、民間の空港及び港湾を含む施設を一時的な使用に供する。日米両政府は、施設・区域の共同使用における協力を強化する。

C．日本に対する武力攻撃への対処行動

日本に対する武力攻撃への共同対処行動は、引き続き、日米間の安全保障及び防衛協力の中核的要素である。

日本に対する武力攻撃が予測される場合、日米両政府は、日本の防衛のために必要な準備を行いつつ、武力攻撃を抑止し及び事態を緩和するための措置をとる。

日本に対する武力攻撃が発生した場合、日米両政府は、極力早期にこれを排除し及び更なる攻撃を抑止するため、適切な共同対処行動を実施する。日米両政府はまた、第Ⅳ章に掲げるものを含む必要な措置をとる。

1．日本に対する武力攻撃が予測される場合

日本に対する武力攻撃が予測される場合、日米両政府は、攻撃を抑止し及び事態を緩和するため、包括的かつ強固な政府一体となっての取組を通じ、情報共有及び政策面の協議を強化し、外交努力を含むあらゆる手段を追求する。

自衛隊及び米軍は、必要な部隊展開の実施を含め、共同作戦のための適切な態勢をとる。日本は、米軍の部隊展開を支援するための基盤を確立し及び維持する。日米両政府による準備には、施設・区域の共同使用、補給、整備、輸送、施設及び衛生を含むが、これらに限らない相互の後方支援及び日本国内の米国の施設・区域の警護の強化を含み得る。

2．日本に対する武力攻撃が発生した場合

a．整合のとれた対処行動のための基本的考え方

外交努力及び抑止にもかかわらず、日本に対する武力攻撃が発生した場合、日米両国は、迅速に武力攻撃を排除し及び更なる攻撃を抑止するために協力し、日本の平和及び安全を回復する。当該整合のとれた行動は、この地域の平和及び安全の回復に寄与する。

日本は、日本の国民及び領域の防衛を引き続き主体的に実施し、日本に対する武力攻撃を極力早期に排除するため直ちに行動する。自衛隊は、日本及びその周辺海空域並びに海空域の接近経路における防勢作戦を主体的に実施する。

米国は、日本と緊密に調整し、適切な支援を行う。米軍は、日本を防衛するため、自衛隊を支援し及び補完する。

米国は、日本の防衛を支援し並びに平和及び安全を回復するような方法で、この地域の環境を形成するための行動をとる。

日米両政府は、日本を防衛するためには国力の全ての手段が必要となることを認識し、同盟調整メカニズムを通じて行動を調整するため、各々の指揮系統を活用しつつ、各々政府一体となっての取組を進める。

米国は、日本に駐留する兵力を含む前方展開兵力を運用し、所要に応じその他のあらゆる地域からの増援兵力を投入する。日本は、これらの部隊展開を円滑にするために必要な基盤を確立し及び維持する。

日米両政府は、日本に対する武力攻撃への対処において、各々米軍又は自衛隊及びその施設を防護するための適切な行動をとる。

b. 作戦構想

i. 空域を防衛するための作戦

自衛隊及び米軍は、日本の上空及び周辺空域を防衛するため、共同作戦を実施する。自衛隊は、航空優勢を確保しつつ、防空作戦を主体的に実施する。このため、自衛隊は、航空機及び巡航ミサイルによる攻撃に対する防衛を含むが、これに限られない必要な行動をとる。

米軍は、自衛隊の作戦を支援し及び補完するための作戦を実施する。

ii. 弾道ミサイル攻撃に対処するための作戦

自衛隊及び米軍は、日本に対する弾道ミサイル攻撃に対処するため、共同作戦を実施する。

自衛隊及び米軍は、弾道ミサイル発射を早期に探知するため、リアルタイムの情報交換を行う。弾道ミサイル攻撃の兆候がある場合、自衛隊及び米軍は、日本に向けられた弾道ミサイル攻撃に対して防衛し、弾道ミサイル防衛作戦に従事する部隊を防護するための実効的な態勢を維持する。

自衛隊は、日本を防衛するため、弾道ミサイル防衛作戦を主体的に実施する。

米軍は、自衛隊の作戦を支援し及び補完するための作戦を実施する。

iii. 海域を防衛するための作戦

自衛隊及び米軍は、日本の周辺海域を防衛し及び海上交通の安全を確保するため、共同作戦を実施する。

自衛隊は、日本における主要な港湾及び海

峡の防備、日本周辺海域における艦船の防護並びにその他の関連する作戦を主体的に実施する。このため、自衛隊は、沿岸防衛、対水上戦、対潜戦、機雷戦、対空戦及び航空阻止を含むが、これに限られない必要な行動をとる。

米軍は、自衛隊の作戦を支援し及び補完するための作戦を実施する。

自衛隊及び米軍は、当該武力攻撃に関与している敵に支援を行う船舶活動の阻止において協力する。

こうした活動の実効性は、関係機関間の情報共有その他の形態の協力を通じて強化される。

iv．陸上攻撃に対処するための作戦

自衛隊及び米軍は、日本に対する陸上攻撃に対処するため、陸、海、空又は水陸両用部隊を用いて、共同作戦を実施する。

自衛隊は、島嶼に対するものを含む陸上攻撃を阻止し、排除するための作戦を主体的に実施する。必要が生じた場合、自衛隊は島嶼を奪回するための作戦を実施する。このため、自衛隊は、着上陸侵攻を阻止し排除するための作戦、水陸両用作戦及び迅速な部隊展開を含むが、これに限られない必要な行動をとる。

自衛隊はまた、関係機関と協力しつつ、潜入を伴うものを含め、日本における特殊作戦部隊による攻撃等の不正規型の攻撃を主体的に撃破する。

米軍は、自衛隊の作戦を支援し及び補完するための作戦を実施する。

v．領域横断的な作戦

自衛隊及び米軍は、日本に対する武力攻撃を排除し及び更なる攻撃を抑止するため、領域横断的な共同作戦を実施する。これらの作戦は、複数の領域を横断して同時に効果を達成することを目的とする。

領域横断的な協力の例には、次に示す行動を含む。

自衛隊及び米軍は、適切な場合に、関係機関と協力しつつ、各々のＩＳＲ態勢を強化し、情報共有を促進し及び各々のＩＳＲアセットを防護する。

米軍は、自衛隊を支援し及び補完するため、打撃力の使用を伴う作戦を実施することができる。米軍がそのような作戦を実施する場合、自衛隊は、必要に応じ、支援を行うことができる。これらの作戦は、適切な場合に、緊密な二国間調整に基づいて実施される。

日米両政府は、第VI章に示す二国間協力に従い、宇宙及びサイバー空間における脅威に対処するために協力する。

自衛隊及び米軍の特殊作戦部隊は、作戦実施中、適切に協力する。

c. 作戦支援活動

日米両政府は、共同作戦を支援するため、次の活動において協力する。

i. 通信電子活動

日米両政府は、適切な場合に、通信電子能力の効果的な活用を確保するため、相互に支援する。

自衛隊及び米軍は、共通の状況認識の下での共同作戦のため、自衛隊と米軍との間の効果的な通信を確保し、共通作戦状況図を維持する。

ii. 捜索・救難

自衛隊及び米軍は、適切な場合に、関係機関と協力しつつ、戦闘捜索・救難活動を含む捜索・救難活動において、協力し及び相互に支援する。

iii. 後方支援

作戦上各々の後方支援能力の補完が必要となる場合、自衛隊及び米軍は、各々の能力及び利用可能性に基づき、柔軟かつ適時の後方支援を相互に行う。

日米両政府は、支援を行うため、中央政府及び地方公共団体の機関が有する権限及び能力並びに民間が有する能力を適切に活用する。

iv. 施設の使用

日本政府は、必要に応じ、日米安全保障条約及びその関連取極に従い、施設の追加提供を行う。日米両政府は、施設・区域の共同使用における協力を強化する。

v. CBRN（化学・生物・放射線・核）防護

日本政府は、日本国内でのCBRN事案及び攻撃に引き続き主体的に対処する。米国は、日本における米軍の任務遂行能力を主体的に維持し回復する。日本からの要請に基づき、米国は、日本の防護を確実にするため、CBRN事案及び攻撃の予防並びに対処関連活動において、適切に日本を支援する。

D. 日本以外の国に対する武力攻撃への対処行動

日米両国が、各々、米国又は第三国に対する武力攻撃に対処するため、主権の十分な尊重を含む国際法並びに各々の憲法及び国内法に従い、武力の行使を伴う行動をとることを決定する場合であって、日本が武力攻撃を受けるに至っていないとき、日米両国は、当該武力攻撃への対処及び更なる攻撃の抑止において緊密に協力する。共同対処は、政府全体にわたる同盟調整メカニズムを通じて調整される。

日米両国は、当該武力攻撃への対処行動をとっている他国と適切に協力する。自衛隊は、日本と密接な関係にある他国に対する武力攻撃が発生し、これにより日本の存立が脅かされ、国民の生命、自由及び幸福追求の権利が根底から覆される明白な危険がある事態に対処し、日本の存立を全うし、日本国民を守るため、武力の行使を伴う適切な作戦を実施する。

協力して行う作戦の例は、次に概要を示すとおりである。

1. アセットの防護

自衛隊及び米軍は、適切な場合に、アセットの防護において協力する。当該協力には、非戦闘員の退避のための活動又は弾道ミサイル防衛等の作戦に従事しているアセットの防護を含むが、これに限らない。

2. 捜索・救難

自衛隊及び米軍は、適切な場合に、関係機関と協力しつつ、戦闘捜索・救難活動を含む捜索・救難活動において、協力し及び支援を行う。

3. 海上作戦

自衛隊及び米軍は、適切な場合に、海上交通の安全を確保することを目的とするものを含む機雷掃海において協力する。

自衛隊及び米軍は、適切な場合に、関係機関と協力しつつ、艦船を防護するための護衛作戦において協力する。

自衛隊及び米軍は、適切な場合に、関係機関と協力しつつ、当該武力攻撃に関与している敵に支援を行う船舶活動の阻止において協力する。

4. 弾道ミサイル攻撃に対処するための作戦

自衛隊及び米軍は、各々の能力に基づき、適切な場合に、弾道ミサイルの迎撃において協力する。日米両政府は、弾道ミサイル発射の早期探知を確実に行うため、情報交換を行う。

5. 後方支援

作戦上各々の後方支援能力の補完が必要となる場合、自衛隊及び米軍は、各々の能力及び利用可能性に基づき、柔軟かつ適時に後方支援を相互に行う。

日米両政府は、支援を行うため、中央政府及び地方公共団体の機関が有する権限及び能力並びに民間が有する能力を適切に活用する。

E. 日本における大規模災害への対処における協力

日本において大規模災害が発生した場合、日本は主体的に当該災害に対処する。自衛隊は、関係機関、地方公共団体及び民間主体と協力しつつ、災害救援活動を実施する。日本における大規模災害からの迅速な復旧が日本の平和及び安全の確保に不可欠であること、及び当該災害が日本における米軍の活動に影響を与える可能性があることを認識し、米国は、自国の基準に従い、日本の活動に対する適切な支援を行う。当該支援には、捜索・救難、輸送、補給、衛生、状況把握及び評価並びにその他の専門的能力を含み得る。日米両政府は、適切な場合に、同盟調整メカニズムを通じて活動を調整する。

日米両政府は、日本における人道支援・災害救援活動に際しての米軍による協力の実効性を高めるため、情報共有によるものを含め、緊密に協力する。さらに、米軍は、災害関連訓練に参加することができ、これにより、大規模災害への対処に当たっての相互理解が深まる。

V. 地域の及びグローバルな平和と安全のための協力

相互の関係を深める世界において、日米両国は、アジア太平洋地域及びこれを越えた地域の平和、安全、安定及び経済的な繁栄の基盤を提供するため、パートナーと協力しつつ、主導的役割を果たす。半世紀をはるかに上回る間、日米両国は、世界の様々な地域における課題に対して実効的な解決策を実行するため協力してきた。

日米両政府の各々がアジア太平洋地域及びこれを越えた地域の平和及び安全のための国際的な活動に参加することを決定する場合、自衛隊及び米軍を含む日米両政府は、適切なときは、次に示す活動等において、相互に及びパートナーと緊密に協力する。この協力はまた、日米両国の平和及び安全に寄与する。

A. 国際的な活動における協力

日米両政府は、各々の判断に基づき、国際的な活動に参加する。共に活動を行う場合、自衛隊及び米軍は、実行可能な限り最大限協力する。

日米両政府は、適切な場合に、同盟調整メカニズムを通じ、当該活動の調整を行うことができ、また、これらの活動において三か国及び多国間の協力を追求する。自衛隊及び米軍は、円滑かつ実効的な協力のため、適切な場合に、手順及びベストプラクティスを共有する。日米両政府は、引き続き、この指針に必ずしも明示的には含まれない広範な事項について協力する一方で、地域的及び国際的な活動における日米両政府による一般的な協力分野は次のものを含む。

1. 平和維持活動

日米両政府が国際連合憲章に従って国際連合により権限を与えられた平和維持活動に参加する場合、日米両政府は、適切なときは、自衛隊と米軍との間の相互運用性を最大限に活用するため、緊密に協力する。日米両政府はまた、適切な場合に、同じ任務に従事する国際連合その他の要員に対する後方支援の提供及び保護において協力することができる。

2．国際的な人道支援・災害救援

日米両政府が、大規模な人道災害及び自然災害の発生を受けた関係国政府又は国際機関からの要請に応じて、国際的な人道支援・災害救援活動を実施する場合、日米両政府は、適切なときは、参加する自衛隊と米軍との間の相互運用性を最大限に活用しつつ、相互に支援を行うため緊密に協力する。協力して行う活動の例には、相互の後方支援、運用面の調整、計画策定及び実施を含み得る。

3．海洋安全保障

日米両政府が海洋安全保障のための活動を実施する場合、日米両政府は、適切なときは、緊密に協力する。協力して行う活動の例には、海賊対処、機雷掃海等の安全な海上交通のための取組、大量破壊兵器の不拡散のための取組及びテロ対策活動のための取組を含み得る。

4．パートナーの能力構築支援

パートナーとの積極的な協力は、地域及び国際の平和及び安全の維持及び強化に寄与する。変化する安全保障上の課題に対処するためのパートナーの能力を強化することを目的として、日米両政府は、適切な場合に、各々の能力及び経験を最大限に活用することにより、能力構築支援活動において協力する。協力して行う活動の例には、海洋安全保障、防衛医学、防衛組織の構築、人道支援・災害救援又は平和維持活動のための部隊の即応性の向上を含み得る。

5．非戦闘員を退避させるための活動

非戦闘員の退避のために国際的な行動が必要となる状況において、日米両政府は、適切な場合に、日本国民及び米国国民を含む非戦闘員の安全を確保するため、外交努力を含むあらゆる手段を活用する。

6．情報収集、警戒監視及び偵察

日米両政府が国際的な活動に参加する場合、自衛隊及び米軍は、各々のアセットの能力及び利用可能性に基づき、適切なときは、ＩＳＲ活動において協力する。

7．訓練・演習

自衛隊及び米軍は、国際的な活動の実効性を強化するため、適切な場合に、共同訓練・演習を実施し及びこれに参加し、相互運用性、持続性及び即応性を強化する。また、日米両政府は、引き続き、同盟との相互運用性の強化並びに共通の戦術、技術及び手順の構築に寄与するため、訓練・演習においてパートナーと協力する機会を追求する。

8．後方支援

日米両政府は、国際的な活動に参加する場合、相互に後方支援を行うために協力する。

日本政府は、自国の国内法令に従い、適切な場合に、後方支援を行う。

B．三か国及び多国間協力

日米両政府は、三か国及び多国間の安全保障及び防衛協力を推進し及び強化する。特に、日米両政府は、地域の及び他のパートナー並びに国際機関と協力するための取組を強化し、並びにそのための更なる機会を追求する。

日米両政府はまた、国際法及び国際的な基準に基づく協力を推進すべく、地域及び国際機関を強化するために協力する。

Ⅵ．宇宙及びサイバー空間に関する協力

A．宇宙に関する協力

日米両政府は、宇宙空間の安全保障の側面を認識し、責任ある、平和的かつ安全な宇宙の利用を確実なものとするための両政府の連携を維持し及び強化する。

当該取組の一環として、日米両政府は、各々の宇宙システムの抗たん性を確保し及び宇宙状況監視に係る協力を強化する。日米両政府は、能力を確立し向上させるため、適切な場合に、相互に支援し、宇宙空間の安全及び安定に影響を与え、その利用を妨げる行動や事象についての情報を共有する。日米両政府はまた、宇宙システムに対して発生する脅威に対応するために情報を共有し、また、海洋監視並びに宇宙システムの能力及び抗たん性を強化する宇宙関係の装備・技術（ホステッド・ペイロードを含む。）における協力の機会を追求する。

自衛隊及び米軍は、各々の任務を実効的かつ効率的に達成するため、宇宙の利用に当たって、引き続き、早期警戒、ＩＳＲ、測位、航法及びタイミング、宇宙状況監視、気象観測、指揮、統制及び通信並びに任務保証のために不可欠な関係する宇宙システムの抗たん性の確保等の分野において協力し、かつ政府一体となっての取組に寄与する。各々の宇宙システムが脅威にさらされた場合、自衛隊及び米軍は、適切なときは、危険の軽減及び被害の回避において協力する。被害が発生した場合、自衛隊及び米軍は、適切なときは、関係能力の再構築において協力する。

B．サイバー空間に関する協力

日米両政府は、サイバー空間の安全かつ安定的な利用の確保に資するため、適切な場合に、サイバー空間における脅威及び脆弱性に関する情報を適時かつ適切な方法で共有する。

また、日米両政府は、適切な場合に、訓練及び教育に関するベストプラクティスの交換を含め、サイバー空間における各種能力の向上に関する情報を共有する。日米両政府は、適切な場合に、民間との情

報共有によるものを含め、自衛隊及び米軍が任務を達成する上で依拠する重要インフラ及びサービスを防護するために協力する。

自衛隊及び米軍は、次の措置をとる。

・各々のネットワーク及びシステムを監視する態勢を維持すること
・サイバーセキュリティに関する知見を共有し、教育交流を行うこと
・任務保証を達成するために各々のネットワーク及びシステムの抗たん性を確保すること
・サイバーセキュリティを向上させるための政府一体となっての取組に寄与すること
・平時から緊急事態までのいかなる状況においてもサイバーセキュリティのための実効的な協力を確実に行うため、共同演習を実施すること

自衛隊及び日本における米軍が利用する重要インフラ及びサービスに対するものを含め、日本に対するサイバー事案が発生した場合、日本は主体的に対処し、緊密な二国間調整に基づき、米国は日本に対し適切な支援を行う。日米両政府はまた、関連情報を迅速かつ適切に共有する。日本が武力攻撃を受けている場合に発生するものを含め、日本の安全に影響を与える深刻なサイバー事案が発生した場合、日米両政府は、緊密に協議し、適切な協力行動をとり対処する。

Ⅶ．日米共同の取組

日米両政府は、二国間協力の実効性を更に向上させるため、安全保障及び防衛協力の基盤として、次の分野を発展させ及び強化する。

A．防衛装備・技術協力

日米両政府は、相互運用性を強化し、効率的な取得及び整備を推進するため、次の取組を行う。

・装備品の共同研究、開発、生産、試験評価並びに共通装備品の構成品及び役務の相互提供において協力する。
・相互の効率性及び即応性のため、共通装備品の修理及び整備の基盤を強化する。
・効率的な取得、相互運用性及び防衛装備・技術協力を強化するため、互恵的な防衛調達を促進する。
・防衛装備・技術に関するパートナーとの協力の機会を探求する。

B．情報協力・情報保全

・日米両政府は、共通の情勢認識が不可欠であることを認識し、国家戦略レベルを含むあらゆるレベルにおける情報協力及び情報共有を強化する。
・日米両政府は、緊密な情報協力及び情報共有を可能とするため、引き続き、秘密情報の保護に関連した政策、慣行及び手続の強化における協

力を推進する。

・日米両政府はまた、情報共有に関してパートナーとの協力の機会を探求する。

C. 教育・研究交流

日米両政府は、安全保障及び防衛に関する知的協力の重要性を認識し、関係機関の構成員の交流を深め、各々の研究・教育機関間の意思疎通を強化する。そのような取組は、安全保障・防衛当局者が知識を共有し協力を強化するための恒久的な基盤となる。

Ⅷ. 見直しのための手順

日米安全保障協議委員会は、適切な下部組織の補佐を得て、この指針が変化する情況に照らして適切なものであるか否かを定期的に評価する。日米同盟関係に関連する諸情勢に変化が生じ、その時の状況を踏まえて必要と認める場合には、日米両政府は、適時かつ適切な形でこの指針を更新する。

【著者プロフィール】

小泉 親司 （こいずみ ちかし）

1948年生まれ　栃木県出身
千葉大学教育学部卒
「しんぶん赤旗」ワシントン特派員、日本共産党中央委員会政治・外交委員、
国際委員などを歴任。元参議院議員（1期、1998年〜2014年）
現在、日本共産党中央員会　基地対策委員会責任者
　　　安保破棄中央実行委員会常任幹事
　　　日本平和委員会理事

【おもな著書】

『防衛問題の「常識」を斬る』（1987年、新日本出版社）
『核軍事同盟と自衛隊』（1988年、新日本出版社）
『日米軍事同盟史研究ー密約と虚構の50年』（2002年、新日本出版社）
『日本の米軍基地 2013』（2013年、あけぼの出版）
『辺野古はいま』（2015年、あけぼの出版、共著）
『沖縄の米軍基地』（2018年、あけぼの出版、共著）

組版・装丁　沖縄事情刊行会
写真協力　田中 弘美
カバーデザイン　かんきょうＭＯＶＥ

『今日の「日米同盟」を問う—北東アジアの平和の流れの中で—』

発行　2019年3月29日　初版第1刷

定価はカバーに表示

著者　小泉 親司

発行所　学習の友社
〒113-0034　東京都文京区湯島2−4−4
TEL 03（5842）5641　FAX 03（5842）5645
郵便振替　00100-6-179157

印刷所　株式会社光陽メディア

落丁・乱丁がありましたらお取り替えいたします。

ISBN 978-4-7617-0711-8 C0036